鼓浪屿地下历史遗迹考察

厦门市博物馆　编

靳维柏　主编

厦门大学出版社　国家一级出版社
XIAMEN UNIVERSITY PRESS　全国百佳图书出版单位

图书在版编目(CIP)数据

鼓浪屿地下历史遗迹考察/厦门市博物馆编;靳维柏主编. —厦门:厦门大学出版社,2014.9
ISBN 978-7-5615-5215-5

Ⅰ.①鼓⋯   Ⅱ.①厦⋯②靳⋯   Ⅲ.①文化遗址-研究-厦门市   Ⅳ.①K878.04

中国版本图书馆 CIP 数据核字(2014)第 204321 号

厦门大学出版社出版发行

(地址:厦门市软件园二期望海路 39 号   邮编:361008)

http://www.xmupress.com

xmup @ xmupress.com

厦门集大印刷厂印刷

2014 年 9 月第 1 版   2014 年 9 月第 1 次印刷

开本:787×1092   1/16   印张:11

字数:210 千字   印数:1~1 500 册

定价:58.00 元

如有印装质量问题请寄本社营销中心调换

序

西方列强在近代中国开辟了两个公共租(地)界,即上海公共租界和厦门鼓浪屿公共地界。公共租界的行政体制与某个国家单独的租界不同,后者是某殖民帝国的一部分,如上海的法租界、青岛的德租界,它们都受该国总督、领事的支配,而公共租界是当地外国侨民(后来还包括当地华人)的地方自治政体,并不直接受任何外国领事的管理,形成真正意义上"国中之国"。公共租界设立的工部局(Municipal Council)是公共租界的行政管理机关,类似于租界内的政府,拥有人事、治安、税收、市政管理与建设、卫生、教育等多种权利。

鸦片战争后,根据1842年《中英南京条约》,厦门成为最先开放的五个通商口岸之一。鼓浪屿岛被英军占领到1845年撤军之后,英国于1852年在厦门市本岛海岸获得了一块滩地兴建英国租界,由于英租界的面积仅20余亩,难以容纳日益增多的外侨,到厦门的外侨大多居住在气候宜人的鼓浪屿。直到1861年厦门英租界正式开辟,鼓浪屿还仅仅是外国人居留区。此时的鼓浪屿虽尚未成为公共租界,却已有十多个西方国家在岛上设立了领事馆。他们各占地盘,建造楼房别墅,以作久居之计。此后,各国为扩大在鼓浪屿的地盘而明争暗斗,然而,无论是英国、德国在岛上设立"工务局"的企图,还是日本、美国强划或扩大地盘之争端,都因遭到厦门地方政府的拒绝或他国的反对而未能达到目的,各国都无法将鼓浪屿变为其"专管租界"或"共管租界"。

1900年义和团运动的爆发,给了美国策划"鼓浪屿公界"的可乘之机。当慈禧太后携光绪皇帝出逃、朝廷一片混乱时,厦门炮台驻军由于领不到军饷而几将哗变。此时美国领事不仅出资一万元以作军饷,还亲自前往炮台安抚驻军。为了感谢美国人,清政府主动提出优先将鼓浪屿给美国人为租界。在当时各帝国主义国家在中国划分势力范围、企图瓜分中国的大形势下,美国领事深知无法独吞鼓浪屿,于是打出"门户开放、利益均沾"的旗号,联合各国驻厦领事,共同策划了"鼓浪屿公界"的阴谋。1902年11月21日,中外签订《厦门鼓浪屿公共地界章程》,1903年,鼓浪屿正式成为公共地界。

1903年5月1日,鼓浪屿工部局开始运作。工部局在鼓浪屿上先后有三处办公地点。早期工部局遗址位于鼓浪屿鼓新路 40 号,1910 年,工部局择地安海路岭脚新建办公楼、宿舍和监房,经改建今为鼓浪屿街道办事处。早期鼓浪屿工部局原本是一座英式建筑,属英商和记洋行所有,约建于清光绪六年(1880 年),鼓浪屿沦为公共地界时,充作工部局办公地点。工部局迁址后,又转让给泰利船务公司王清波家族。2007 年,该建筑倒塌。

随着鼓浪屿申报世界文化遗产的呼声日益高涨,对鼓浪屿的研究也越来越深入,大家逐渐认识到鼓浪屿作为世界文化遗产的核心价值就在于其是一个两千年的封建帝国迈向现代文明的桥梁,是较早接受西方现代城市治理模式和自治理念的试验田,虽然这种试验和转变是在列强的坚船利炮的胁迫下开始的,延续的时间也不长,但它确实让封闭的帝国国民近距离看到和感受到另一种文明,开启了东西方文化和制度的深度交流和融合。

2011 年 6 月,经福建省文物局同意,厦门市博物馆文化遗产保护中心开始对位于鼓新路与三明路交叉口北侧的一处坡地上的鼓浪屿工部局旧址进行清理,发掘出比较完整的工部局一期建筑遗址以及带有"KULANGSU MUNICIPAL COUNCIL"(鼓浪屿工部局)铭文的奶瓶等一批文物,既是鼓浪屿公共租界的实物见证,也为研究鼓浪屿早期的治理方式、制度文化等提供了帮助,现厦门博物馆文化遗产保护中心将发掘资料公布于世,对研究鼓浪屿、对鼓浪屿申报世界文化遗产都将起到有益的帮助。愿越来越多的人了解真正的鼓浪屿,越来越多的人从鼓浪屿了解我们这个民族、国家走向现代化的艰难探索、艰苦奋斗和艰辛历程。

是为序。

厦门市文广新局副局长
厦门市鼓浪屿管委会副主任　　李云丽
二〇一四年七月十八日

目　录

概　述

　　厦门是我国东南沿海重要的港口城市和风景旅游城市,有悠久的历史和优秀的传统文化,近现代历史上有优良的革命传统。厦门拥有自旧石器时代末期以后各个历史时期的遗迹和遗物,且数量众多,其文物遗存具有鲜明的地方特色。在商周时期,厦门岛就发现有人类活动的遗物,较大规模的开发则始于唐代中叶。明洪武二十七年（1394）,明政府在厦门设立永宁卫中左守御千户所并修筑厦门城,该城成为厦门城市历史的开端。

　　鼓浪屿从宋元时期开始见诸文献记载,明代始称鼓浪屿,据《方舆纪要》记述,鼓浪屿"在大嶝西,旧有民居。洪武二十年,悉迁内地,成化以后渐复其旧"。清顺治四年（1647）,郑成功驻军鼓浪屿。1840 年鸦片战争之后,厦门成为中国对外"五口通商"的口岸之一,1902 年,根据《厦门鼓浪屿公共地界章程》与《鼓浪屿工部局律例》,鼓浪屿成为"公共地界",实为外国列强不交租金的"公共租界"。

　　厦门的地名从出现到形成再到确定,其顺序是先有"中左所",后有"厦门",然后成为全岛的代称。今天的厦门岛因明代设立"中左守御千户所"（简称"中左所"）得名,"中左所"即代表厦门岛。从文献和历史地图可以看到这一变化过程,明正德七八年（1512—1513）的《扬子器跋舆地图》上首先出现"中左"的标注。明万历二十年（1592）的《福建海防图》中则标注"中左所即厦门"。在此前后的地图中间或出现"中左""中左所"或"厦门屿""厦门"的标注。清康熙二十二年（1683）的《福建沿海图》中,中左所与厦门分别标注,对比地图标注的相对位置并参照实地调查和文献记载考证,当时的厦门位于"中左所城"南门和东门外,即今镇海路以西至中山路、大同路一带。这一地名的变化,是因为"中左所城"军事地位逐渐降低,作为城防的功能和作用减弱,随着城内及周边地区居民、工商业、寺庙、书院等日益增多,民居、文化和工商业等城市功能不断提高,"中左"及"中左所"的称谓逐渐被"厦门"所取代,厦门作为整个岛的名称固定下来。

　　鼓浪屿这个与厦门岛相距咫尺的小岛,在古代并不著名,直到近现代、特别是"五口通商"之后才快速地繁荣起来,与上世纪二三十年代厦门岛的中山路、大同路民族工商业的兴起产生强烈的互动影响,其独特的历史价值逐渐闻名中外,目前正在申请进入我国申报"世界文化遗产名录"的预备名单。

　　从 19 世纪到 20 世纪中叶,中国正处在激烈的社会变革时期,完成了工业革命和资本原始积累的西方国家,以强大的经济和军事实力为后盾,带着新的工业文明成果和西方文化打开沉重的中国大门,"辛亥革命"使延续了两千多年的封建社会走到尽头,新的社会形态尚未完全建立和稳固。

独特的地理位置把厦门和鼓浪屿推到时代的前沿，东西方文化在鼓浪屿这个狭小的地域里发生碰撞、交流和融合，形成多元文化密集共生的地理单元，小岛因此成为全球化发展初期社会变革的范例，因而具有世界性的普遍价值，也成为全人类共同的、珍贵的文化遗产。

鼓浪屿申请进入"世界文化遗产名录"，需要确定反映其价值的核心要素，而作为重要备选对象的工部局早期遗址、工部局晚期遗址、河仔下码头遗址、丹麦大北电报局及海底电缆遗址和西班牙船长墓葬等五处地点，由于各种原因，除工部局早期遗址保留有三段残墙外，其他遗址的地面迹象都已经消失。为了解这些遗存的具体位置和保存现状，确定其能否反映鼓浪屿的核心价值，进而进行保护、研究和公开展示，厦门市文化广电新闻出版局组织专业人员，用考古学和历史学的研究方法对这五处遗址进行文物调查和考古发掘，查阅和考证了有关文献资料，经过近一年的辛勤工作，取得十分重要的综合研究成果，为鼓浪屿申请进入我国申报世界文化遗产的预备名录提供了实物例证，也为厦门历史的研究提供了珍贵资料。

建筑是历史文化的重要载体，是城市历史的实物代表，是文化遗产保护最为重要的对象之一。随着经济的发展和人民文化生活水平的提高，人们逐渐认识到，缺少历史文化的城市是残缺的，这个城市中人们的精神面貌是苍白的。在经过改革开放以来经济的快速发展之后，人们的认识逐渐回到理性上来，认识到传统文化，特别是地方的传统文化，对于地方社会经济的发展是多么的重要，它从历史延续到现在并影响到将来。其中，一方面是对历史建筑的保护，另一方面是探讨如何在新的建筑上体现传统文化。

在人类文明的发展进程中，中华民族的悠久历史与灿烂文化是重要的组成部分。我们对人类自身智慧内涵的感悟和认识也通过逐步发展而不断进步和完善，随着我们对自身历史认识的深入和提高，对文化遗产的保护理念也在进步，从"古董"（骨董）"古迹"到"文物"，称呼的变化，反映了认知的过程。从世界文化遗产发展的趋势可以看出，对历史和祖先文化遗产的认知和保护，已经逐渐地形成由单体建筑保护向整体的片区保护，从街区保护向总体规划保护，由政府保护向全民保护，由国家和单一民族属性向全人类文化遗产属性，由单纯保护向保护和传承并重过渡的特征。随着人类认识能力和保护理念及保护技术水平的提高，文化遗产的保护必将会不断地发展和进步。

第一章　地理环境和历史沿革

第一节　地理环境

厦门市位于福建省的南部,由厦门岛、鼓浪屿和与厦门岛隔海相望的北岸、西岸大陆组成,陆地面积 1 640.2 平方公里,海域面积 300 多平方公里。其中,厦门岛东西宽约 11.5 公里,南北长约 13.5 公里,面积约 128 平方公里。地理坐标:北纬 24°25′—24°54′,东经 117°53′—118°25′。明清时期的厦门泛指现在的厦门岛。

厦门市现辖思明、湖里、海沧、集美、同安、翔安六个区。据 2013 年统计年度公布的数据,全市常住人口为 398.3 万人,其中,户籍人口 193.6 万人,非户籍人口 204.7 万人。

厦门岛设思明、湖里两个区。海沧、集美、同安、翔安四个区位于福建沿海大陆,与厦门岛隔海相望。

厦门市东为泉州市,西为漳州市,西、北以低矮丘陵的分水岭与漳州市、泉州市分界,最高峰为云顶山,海拔 1 175 米。厦门市境内最高峰为大尖山,海拔 1 110 米。主要河流有过芸溪、苎溪、后溪、上陵溪、莲花溪、澳溪、汀溪、西溪、东溪、茂林溪、内田溪。年平均气温 21.2℃,年极端最高温度 38.4℃,年极端最低温度 2℃。年降水量 1 432.2 毫米,无霜期 326 天。厦门区域海水表层年最低温度 10℃,最高为 31.5℃,年平均温度 20.7 ~ 21.6℃。

厦门西北背靠大陆,东南面向海洋,地处北回归线偏北约 1°,在欧亚大陆的东南缘,受海洋影响较为显著,属亚热带海洋季风性气候。夏季长而无酷暑,秋春相连而无冬,全年几乎均为无霜期,气温变化不显著。风向变化明显而稳定,夏季偏南风暖湿,冬季偏北风而干冷。

鼓浪屿,位于厦门岛西南,隔海(因相距很近,当地亦称鹭江)与厦门市区相望。地理坐标:东经 118°03′07″—118°04′21″,北纬 24°26′20″—24°27′26″。面积 1.89 平方公里。鼓浪屿由距今一亿年的燕山晚期中粒花岗岩组成,是一座大陆岛,属于猴屿—大屿—鼓浪屿岛群,与厦门岛东南部为同一岩体。燕尾山、笔架山、鸡母山、龙头山、英雄山、浪洞山、升旗山形成岛上的主脉。岛上的七个山头及海岸带均有巨型球状花岗岩分布,如,日光岩、鸡母石、面包山、覆鼎岩、关刀石、驼背石(剑石)、印斗石、鹿耳礁等,其中,日光岩(亦称晃岩)为全岛最高处,海拔 92.68 米。

第二节　历史沿革

考古调查发现的资料证实,在旧石器时代的末期,厦门地区就已有人类活动。民国以后,由于历史和地缘上的关系,厦门岛与鼓浪屿等数个岛屿曾经演变成为独立的行政单位。而今厦门市在大陆沿海的行政区域,过去多为同安县所辖,民国元年(1912)以前,厦门一直隶属于同安县。

图 1-1　清康熙二十二年(1683)福建沿海图中标注的厦门城

同安县,晋太康三年(282)置,属晋安郡,后并入南安县。唐贞元十九年(803),析南安县西南四乡设大同场。五代后唐长兴四年(933)升格为同安县,隶属泉州。宋属清源军、平海军、泉州。元属泉州路。明属泉州府。

厦门岛,根据白石炮台海滨采集到的石器证明,在商周时期就有人类活动;在唐代中叶以后,由于中原及沿海地区战祸连年,为避战乱,一些以家族为单位的居民陆续迁居岛上,使人口增加,厦门岛得到一定规模的开发。从当时岛上居民分布的地域分析,他们从事的生产活动以农耕为主,兼及近岸捕捞。据《唐许氏故陈夫人墓志》记载,厦门在唐至德至贞元年间(756—809)称"新城",据唐《故奉义郎前歙州婺源县令陈公墓志铭并序》记载,厦门唐大中九年(855)时称"嘉禾里"。宋称"嘉禾里""嘉禾屿",属泉州府同安县管辖;宋嘉祐三年(1058),朝廷开始在岛上驻军设防。元至元年间(1264—1294),元世祖忽必烈在厦门岛设立军政合一的"嘉禾千户所"。元末明初,倭寇、海盗屡犯我国沿海地区,有时竟深入内陆,

"倭患日甚"。为加强海防,明政府于洪武二十七年（1394）设永宁卫中左守御千户所,筑城于今厦门岛西南部,下辖东澳、五通两寨,自此,"中左所""厦门"开始载入典籍。清顺治四年（1647）郑成功驻军鼓浪屿,七年（1650）又据厦门岛;十二年（1655）置思明州。清康熙二十二年（1683）福建水师提督署移驻厦门,同年以台湾府合厦门置台厦兵备道于厦门;二十五年（1686）以泉州府同知分防,设厦门厅。清雍正五年（1727）台厦道撤废,兴泉道自泉州移驻厦门建署,辖兴化、泉州两府;十二年（1734）加辖永春州,称兴泉永道。清乾隆三十二年（1767）加授海防兵备衔,称"福建分巡兴泉永海防兵备道"。

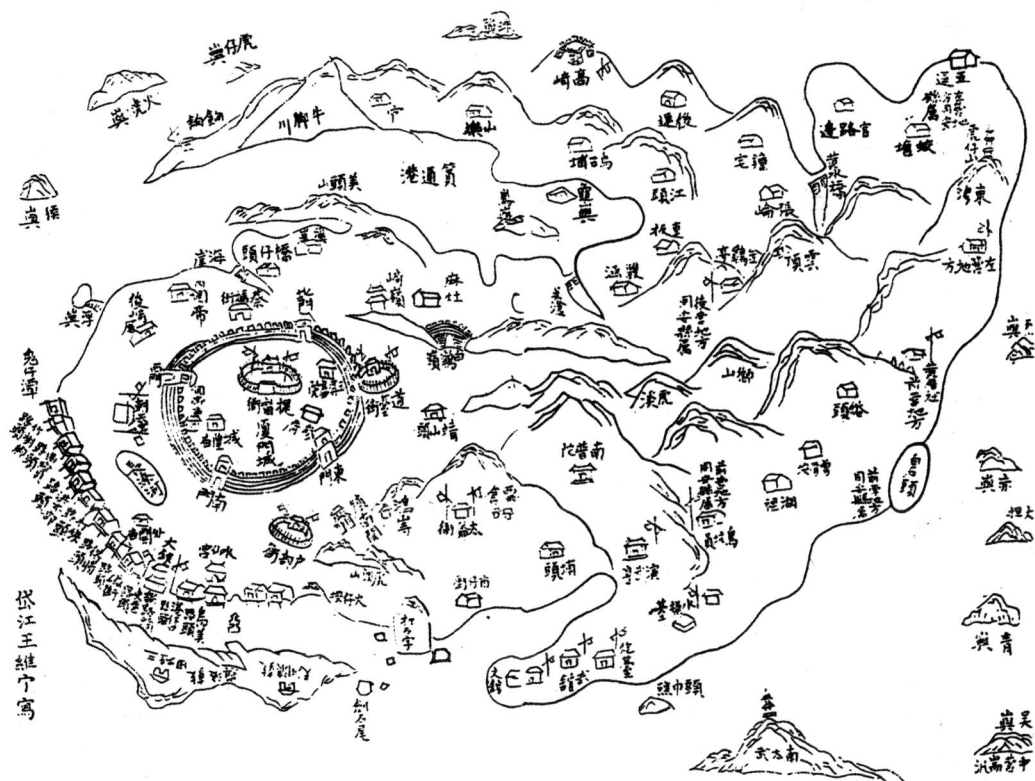

图 1-2　《鹭江志》中标注的厦门城

鼓浪屿,宋元时期称"圆沙洲",明代始称鼓浪屿。清顺治四年（1647）,郑成功驻军鼓浪屿,训练水师。清初,设鼓浪屿澳,为厦门五大澳之一。清康熙二十三年（1684）,厦门设立闽海关"通洋正口",鼓浪屿为其下的三个青单小口之一。绘于清康熙二十二年（1683）,

微横四里
環滄海時石
一洞天開時雞犬别
桃花從雲水何
外更袖仙
霧問神
蒋國录

图 1-3　鼓浪洞天

现藏北京图书馆的《福建沿海图》,该图未采用"记里画方"制图法①。图上地形地物采用传统的形象画法,色彩艳丽、形象逼真,地图的方向为上东下西,从左到右,中左所、厦门、古(鼓)浪屿、高崎、大担岛、鹭山及村落房舍,海上的岛山、海波,都绘得详尽、美观,形象地显现出当时的景观和相对位置。1842 年 8 月 29 日,清政府签订了中英《南京条约》,翌年 11月,辟厦门为通商口岸。1862 年 3 月,西方列强在鼓浪屿设立海关税务司。1902 年 1 月,清政府签订《厦门鼓浪屿公共地界章程》和《续订公地条约》,翌年由各国领事团控制的工部局成立,鼓浪屿成为"公共地界"。太平洋战争爆发后,日军占领鼓浪屿,抗日战争胜利后,1945年 10 月 17 日,鼓浪屿回归祖国。1949 年新中国成立后,设鼓浪屿区。2003 年撤销建制,划归思明区。

---

① 我国现存最早的带有网格的地图是镇江博物馆收藏的"禹迹图",该图依元符三年(1100)的长安本原图翻刻。本图刻于阜昌七年(1136,南宋初年金国所立傀儡政权—齐国的年号,相当于南宋绍兴七年)这种按数学原理、依比例绘画地图的方法,一直沿用到清代。带有方格网的"禹迹图"在制图学发展史上具有划时代的意义。

图1-4　第二次鸦片战争期间英国人手绘的"厦门港远眺"

图1-5　从外港看到的厦门,约清道光二十一年（1841）

图 1-6　清道光二十年（1840）厦门港

图 1-7　清光绪六年（1880）的鼓浪屿

图1-8 19世纪末的鹭江帆影

图1-9 鼓浪屿一角

　　民国元年（1912），析同安县嘉禾里（厦门）、金门、大嶝、小嶝岛置思明县,同年升思明府,旋废。民国四年(1915年),析大金门、小金门、大嶝、小嶝四岛设金门县;同年置南路道。1935年,国民政府行政院批准设立厦门市,4月1日,厦门市政府成立。

图 1-10　繁忙的小舢板往来于厦鼓两岸

1937 年 7 月 7 日,抗日战争爆发。翌年 5 月 13 日,厦门沦陷。1945 年 8 月抗日战争胜利,10 月 4 日恢复厦门市建制。

1949 年 10 月 17 日厦门解放,10 月 21 日成立厦门市人民政府。1950 年 10 月,厦门市设开元、思明、鼓浪屿、禾山、厦港（后废）五区。1953 年,同安县集美镇划归厦门市辖。1958 年,同安县划归厦门市辖。1966 年,开元、思明区更名为东风、向阳区,1979 年恢复原名。1970 年,同安县划归晋江专区,1973 年复归厦门市。1978 年设杏林区。1987 年设湖里区,郊区改为集美区。1996 年同安撤县设区。2003 年撤开元、鼓浪屿、杏林区,增设海沧、翔安区。至此,厦门市辖有思明、湖里、集美、海沧、同安、翔安六个区。

第二章　鼓浪屿多元文化形成的历史渊源

文化是社会经济发展的产物,与社会经济相适应。鼓浪屿多元文化的形成,有深厚的历史渊源和特定的地理原因,其中包含不同的思想观念、生活习俗、宗教信仰和与之相应的建筑设计、装饰艺术、社区氛围及园林景观,其中,东西方文化之间的差异最为重要,这些文化因素在鼓浪屿发生碰撞、交流和融合,形成多元文化密集共生的地理单元。

图 2-1　照片中看到的帆船与轮船,中式与西式建筑共存,反映中西文化的交汇与融合

图 2-2　20 世纪初航行与停泊在鹭江（鼓浪屿与厦门岛之间的水域）之中的远洋客货商船

不能回避的历史事实是,近代中国对外开放的大门是在西方列强的强迫下打开的,这并非中国封建统治集团的本意,落后的政治体制、腐败的官僚政治、陈旧的思想观念、对国际商法的漠视,已经与时代大潮相背离。虽然国内的有识之士希望以不同的方式接受西方文明,但无法撼动封建社会的根基。导致这一切后果的,都是经济这个基础,从而形成这样一个过程和结果,即处于原始积累阶段的西方列强,为追逐经济利益而对外进行殖民扩张,当无法达到他们所希望的目的时,就会采取军事手段直接发动侵略战争,伴随而来的文化只是这个过程的副产品或衍生物。有些时候,西方列强也会自觉或不自觉地通过文化、宗教等媒介先行渗透和影响所能到达的国家和地区。外来经济打破了中国旧有的经济格局,与本土经济不可避免地产生冲突,文化上的冲突同样不可避免。经济与文化上的冲突,最终都在一定程度上融合,形成经济上、文化上的共生共存。

第一节　明代中期鼓浪屿多元文化初步形成的历史背景

元朝是大规模对外扩张的帝国,是建立在马背上的王朝,他们在陆上依靠骑兵纵横驰骋于欧亚大陆,在海上有庞大的船队并两次进击日本。元朝几乎是四面出击,因而不必考虑外来的威胁,更不屑于通过建立城池来巩固疆域。经过元代末年长时期的战乱,中国的社会经济遭到严重的破坏,在这种情况下,社会需要安定,经济需要复苏,这成为明代初期社会总的趋势和要求。

继元朝之后建立起来的明朝,在君主集权制国家建立以后,重新回到农业文明的传统道路上,皇权更加地高度集中,为保证统治的稳固,强化了政治上的集权制和经济上对资源的控制。集中表现在三个方面:

军事上,在沿海地区遍设都司卫所,"弃海守岸",实行"海禁","不许片板下海",沿海岛屿和沿海居民"奉旨迁界";另一方面,由于蒙古残余势力还控制着大片疆土,因此在北方地区连接和加固长城,切断内地与北方草原的来往。在战略上总体采取守势,以稳固疆域,巩固政权。

经济上,在西北"禁茶",在内地"禁矿""禁盐",实行国家专营,封闭了位于明长城西端起点、"丝绸之路"的交通要冲的——嘉峪关。

政治上,明太祖朱元璋既严惩贪官污吏,又手段残忍地滥杀功臣,打击不肯与其合作的文人和知识分子,直到明英宗朱祁镇时,还对戏剧和小说实行过禁止。

封闭的社会经济、统治上的极端专制、政治上的禁锢以及为稳固边疆进行的连年征战,使明代早期的经济发展迟缓,文化上也一片消沉,这直接影响明政府的经济状况、财政税收以及文化的繁荣。

从明正统年间（1436—1449）开始,社会秩序渐次稳定,经济开始恢复和发展,政治环境开始宽松,社会经济和社会观念逐渐向多元化演进。苏州、松江等地成为具有相当规模的经济中心,苏州又与南京等地形成新的文化中心,"徽商""晋商"等"十大商帮"对全国经济的影响越来越大。正统元年（1436）,江南官田折纳"金花银",使原本属于皇家的土地在历史上第一次转变成货币资本;嘉靖九年（1530）,全国开始推行"一条鞭法",实行货币税收,标志着农民对封建国家人身依附关系的减弱,适应了商品经济发展的需要。过去把通过科举为官作为人生唯一价值取向的观念发生动摇,对财富的追求成为重要的价值标准,出现了一批有影响力的思想家、文学家,小说和戏剧创作繁荣,达到历史上的高峰,《本草纲目》《徐霞客游记》《天工开物》《农政全书》《金瓶梅》《西游记》《牡丹亭》以及"三言二拍"都产生于这一时期。

明永乐三年（1405）七月十一日,明成祖朱棣派郑和率领 2.7 万人的庞大船队从江苏太仓刘家港出发,开始了七次远航中的首次远航。明万历二年（1574）十一月底,广东潮州饶平籍海上武装首领林凤,率领 62 艘战船、2 000 名战士、2 000 名水手组成的船队,攻击了占据马尼拉的西班牙人,明万历三年（1575）年八月,林凤战败退出菲律宾。郑和七下西洋虽然是中国航海史上的壮举,但带回的只是皇家所需的奇珍异宝;林凤进攻占领马尼拉的西班牙人,是被明朝"海禁"政策所迫而进行的一次海商家族的冒险。这两个事件虽都是国人涉足海外,但都未对中国社会产生实质性的影响。

明弘治五年（1492）,哥伦布在巴哈马群岛的窝特林岛登陆,宣布"发现新大陆"。面对此后到来的大航海时代,欧洲皇室急迫地通过各种渠道来了解中国社会的经济和文化,葡萄牙、西班牙等国相继派人来到中国沿海探索开辟海外市场。明万历二十九年（1601）,利玛窦来到北京,向万历皇帝进呈圣像、圣经、自鸣钟以及《坤舆万国全图》,他广交中国官员和社会名流,传播西方天文、地理、数学等科学技术知识,与徐光启合译了欧几里得的《几何原本》前六卷。

这一时期,有两件大事对当时及后来的中国产生重要影响,一是沿海地区瓷器与茶叶通过海路大量外销,"海上丝绸之路"呈现出空前的繁荣;二是原产于美洲的粮食作物马铃薯、玉米传入,丰富了食物来源,使人口数量大大增加,马铃薯至今仍然是我国继水稻、小麦、玉米之后的第四大粮食作物。

明代的嘉靖皇帝和万历皇帝都曾经三十年不上朝,不上朝的原因有多种,有资本主义萌芽说、社会转型说、皇帝对个人婚姻的不满说,等等,无论什么原因,这都反映出皇朝的腐败无能,特别是无所作为。正是因为皇权的减弱、控制力的降低,使这一时期成为开放的、多元化社会形成的时期,造就了社会经济和文化的空前活跃与繁荣。

封建专制制度在一定的历史阶段有其存在的积极意义,主要表现在,封建王朝建立之初,有利于社会安定以及恢复社会经济秩序。研究明代历史的人们都把明代晚期政治上的严重腐败和经济上的巨大繁荣看成不能兼容的两个现象,实际上这正表现出两者的一致性。因为在多数时候,封建专制制度是扼杀人民群众积极性和创造力的根源,明代晚期专制制度的弱化使人民的束缚得到一定的解放,社会从而焕发出巨大的创造力。中国历史发展的进程证明,任何一次思想上的大解放,都会造就一个社会经济、文化的大发展时期。

明代中晚期的这些变化,使社会经济和思想文化逐渐形成多元化结构,身处沿海地区的厦门和鼓浪屿不能不被这种大背景所涵盖并受到深刻影响。明初因为"迁界"而被迫迁出鼓浪屿的人口陆续迁回。明正德十一年(1516),葡萄牙人的船只已经进入厦门外海,潜入浯屿一带与当地人进行交易;自明英宗正统十四年(1548)起,倭寇开始进犯同安(今厦门)沿海,此后百余年间从未间断,其中尤以明世宗嘉靖二十七年(1548)至明穆宗隆庆三年(1569)为甚,据文献记载,"嘉靖二十七年,都指挥使卢镗大败倭寇于浯屿"。明万历四十三年(1560),同安参将王麟、总兵邓一贵于鼓浪屿、赤尾屿大败倭寇。

十五六世纪的"地理大发现"开辟了欧洲通往亚洲的新航路,明嘉靖二十六年(1547),葡萄牙人的船只不但进入厦门海域,且停泊在浯屿海面招引泉州、漳州的商民前去贸易。消息传回欧洲,受商业利益的吸引,西班牙人和荷兰人接踵而至。万历三年(1575)七月,西班牙从马尼拉派出使团到厦门,要求拜会福建地方长官,请求允许进入福建传教和开展贸易。有"海上马车夫"之称的荷兰人将从厦门买到的茶叶贩运到欧洲,从中获得巨大利益,在欧洲人的眼中,厦门是"中国第一个输出茶叶的港口",厦门港渐次闻名于世,英国等欧洲国家的商人也陆续来到厦门。

图 2-3　明人绘倭寇图卷

图 2-4　倭寇海上被擒

第二节　明末清初,以郑成功为代表的郑氏政权对鼓浪屿多元文化形成的推动

从事海外贸易可以获得巨大的经济利益,在铁路、公路和航空运输技术设备尚不成熟之前,海上运输是大规模海外贸易的主要途径。欧洲的古代先民,特别是地中海沿岸的居民,自古以来就有从事海外贸易的传统。15世纪前后,由于造船和航海技术的日臻完善以及新航路的开通,欧洲的工商业文明影响到美洲和亚洲,通过海洋运输进行的贸易具有运输量大、距离远、成本低、速度快的优点,这是通过陆上运输进行的贸易所无法媲美的。

明代晚期,政府的统治能力降低,对地方的控制无力,边防、海防能力减弱,福建南安人郑芝龙的部曲在东南沿海逐步发展成为亦官亦商的海商集团。郑芝龙降清之后,其子郑成功举起"反清复明"的旗帜,与清政府对抗,清顺治四年（1647）,郑成功驻军鼓浪屿,训练水师。

图 2-5　郑成功坐驾"中军船"（模型）

以郑成功为代表的郑氏政权与清政府对抗 38 年,其中曾三次北伐、一次东征。一围福州,二攻台州,特别是清顺治十五年（1658）五月开始的北伐,郑成功率军沿海北上,相继攻占四府、三州、二十三县,围攻南京,给清廷以极大震动。郑成功于清顺治十八年（1661）率军 25 000 人、战船 400 余艘出兵东征,历时 11 个月,迫使荷兰殖民者签订投降协议,收复祖国领土台湾。其子郑经、孙郑克塽又据台湾与清政府对峙 21 年之久。郑氏政权之所以能够据沿海数岛,同强大的清王朝长期对峙,除了策略上的原因外,主要是郑氏政权有自身存在的基础,这个基础就是通过海外贸易获得经济上的支持并通过新地区的开发寻找到立足点。

图 2-6　郑成功海陆攻击热兰遮城

从对外贸易（特别是海外贸易）中获利，是郑氏政权的主要经济支柱之一，其中包括了两个方面：一方面是自身从事的内、外贸经营活动，另一方面是通过对海上贸易的控制，以政府的名义向其他商人收取的所谓的"税"。

郑氏政权以海上贸易起家，郑成功继承了其父郑芝龙经营海上贸易的传统，其受封南明在厦门建衙开府时，就设有"五商""十行"，开展与国内外的贸易，从中获取巨额利润，藉以充实军饷，裕国利民。郑氏充分利用地理位置的便利，大力发展内外贸易，东洋的日本、菲律宾，西洋的越南、柬埔寨、泰国、印度尼西亚等国是其主要的贸易伙伴，商行设仁义礼智信金木水火土十行，输出的商品主要有丝绸、瓷器、药材，输入的商品主要有胡椒、苏木、铜、锡、象牙、鱼皮、海味、药材。对内则在京师、山东、苏州、杭州等地设五大商，经营这些地区与厦门、金门之间的贸易。如漳州海澄（月港），在明隆庆元年（1567），明政府正式开设"洋市"，国内的商船从这里前往东南亚各地。明万历十六年（1589），朝廷规定前往东西洋方向的船只各 40 艘，设"饷馆"征收船税和商税，饷税收入自明隆庆年间（1567—1572）的 3 000 两逐年增加，到明万历四十一年（1613）已达 35 100 两，40 年间增长了 10 多倍，漏征的饷税数倍于此，足见当时商贾之盛。至明末清初，北起浙江舟山，南至广东潮、惠，皆受郑氏控制。来自各方的收入有力地支持了郑氏政权与清政府的对抗，虽然经营活动发生在全国的许多地方，但是，厦门、金门和鼓浪屿毕竟是这一时期郑氏政权的军事指挥中心和经济运转中心。

第三章　鸦片战争之后鼓浪屿多元文化的形成

第一节　"五口通商""公共地界"把外来文化带到鼓浪屿

1840 年鸦片战争之后,厦门成为五口通商的口岸之一,1902 年鼓浪屿成为"公共地界",外国列强带着不同的目的,以不同的方式纷纷进入厦门,尤其是鼓浪屿。1844 年,英国驻厦门的第二任领事首次在鼓浪屿建造公馆,此后,各国纷纷设立领事馆,组建工部局,开办教堂、学校、医院,兴建私人宅邸。

鸦片战争之后的"五口通商"是鼓浪屿形成特定多元文化的外部条件。完成工业革命和资本原始积累的西方强国,亟需通过海洋对外扩张,面对巨大的经济利益,这种扩张往往不择手段并且以侵略掠夺和排斥入侵地区本土经济为主要特征。列强之间为各自利益也常常明争暗斗,早在大航海时代对外扩张的初期,列强之间就多次发生相互间的劫掠甚至战争。在厦门成为通商口岸之前,西方的走私船舶早已频繁出现于厦门海域,厦门很早就是中国沿海鸦片走私的重要口岸,因此,西方人对厦门十分熟悉。在他们的眼中,厦门拥有良好的岸线条件和水深条件,是从事商贸活动的良好港口。

为平衡双边贸易额,一些外商开始进行罪恶的鸦片贸易。英商怡和洋行是鸦片战争前后最大的鸦片商,为使运输鸦片的船只尽快往返,他们将鸦片卸在大趸船里,这些大趸船分别停泊在中国沿海的香港、汕头、厦门、泉州、定海、上海、吴淞等地,这些趸船和往来于中国、印度之间的鸦片快船联合组成大船队,组成中国沿海的分销系统,仅资金管理费一项每年就高达 25 万 ~ 30 万银元。为尽快传递鸦片行情,如船期、存货、价格等,从 1845 年起,英国人专门设立了陆路专差快递线,巡回收递于广州、福州、厦门乃至香港等地,每次行程为 32 ~ 34 天,费用在 20 ~ 26 洋元,由各鸦片商按件支付。现在保留下来的一组信件中,有广州旗昌洋行在厦门的船务代理米尔蒂斯(G. Merdiths)、在厦门的英国鸦片商杰克逊(R. Jackson),寄给停泊在厦门东北 30 英里泉州湾的琼记洋行鸦片船——皮特瑞号(Petrel)纵式帆船船长布里布列坎(Brimblecorn)的专函,其中,1847 年 10 月 25 日米尔蒂斯的信中说:"这里的人们正准备赛马,时间是下个月的 14 号……船上将有几位美女(按:指妓女),你可以选择,同时也可以由你转手介绍给你在厦门的朋友……"1848 年 2 月 25 日米尔蒂斯的信中,向布里布列坎通报了怡和洋行在厦门的鸦片价格(图 3 - 1 右)。1848 年 3 月 9 日米尔蒂斯的信中,向布里布列坎通报了怡和洋行在厦门的鸦片销售情景及鸦片的价格(图 3 - 1 左)。

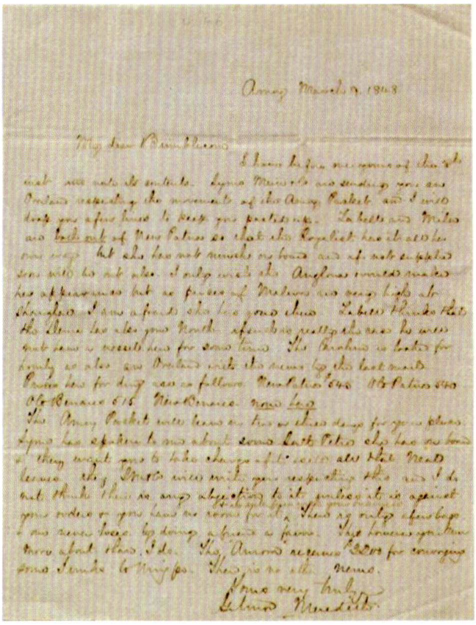

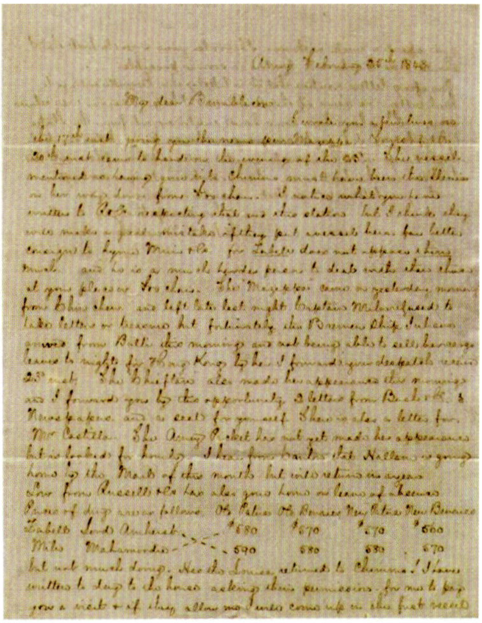

图3-1 鸦片贩子之间的信函往来。1849 年 2 月 28 日杰克逊在信中讲到厦门鸦片价格上扬的情况。1849 年 4 月 7 日厦门琼记洋行的信中要布里布列坎尽快售出手中的鸦片,可以低于市价,然后驶离泉州湾回香港(图 3 −2)。

图3-2 1849 年 4 月 7 日厦门琼记洋行给布里布列坎的信件

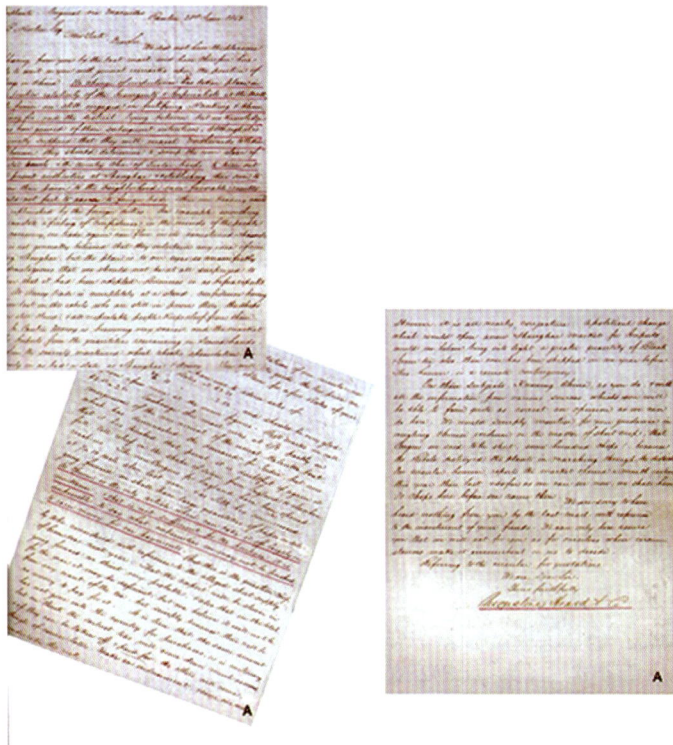

图 3-3　美商琼记洋行关于鸦片销售的函件于 1853 年 6 月 21 日自广州寄纽约,信中说鸦片是唯一可以大量免税的商品,较之丝绸等生意好做

图 3-4　厦门码头一带洋行(20 世纪 20 年代)明信片

"五口通商"之后,厦门的对外经贸往来被外国人控制,因鼓浪屿地理位置独立,与码头相距不远,往来便利,又可以与中国的商行、居民保持一定距离,因此成为外国设立领事馆、贸易公司的理想地点,特别是在1902年正式变为"公共地界"之后,主要由外国人控制的"工部局"对鼓浪屿实行了全面的西方式管理。殖民地经济的到来,西方文化也随之而来,外国人开办的教堂、医院、学校,改变了鼓浪屿原有面貌。鼓浪屿空间狭小,原有居民不多,经济活动内容单一,经济规模也很小,在外来经济、文化的双重作用下,中国传统经济、文化更显渺小,几乎完全被外国的经济和文化所取代。

上世纪的二三十年代,由于世界爆发经济危机,大量华侨和华侨资本回到或来到厦门和鼓浪屿,形成民族经济、文化的回归,再次与外来文化发生交汇和融合。

图 3-5 厦门海关税务司署(1905 年前)

第二节　鼓浪屿多元文化的主要内涵

一、建筑在历史发展过程中的地位和作用

鼓浪屿多元文化的内涵十分丰富,表现形式也多种多样,但遗留至今最直接和直观的是鼓浪屿的历史建筑。

建筑,是人类生产和生活的重要部分,是人类的主要生产活动之一,同各种社会活动关系密切。

历史建筑代表了一个地区在一定历史阶段物质文明和精神文化的面貌,是一个城市社会、政治、经济、文化的凝聚,是展现城市性格、记录城市发展和历程的形象载体,也对城市的未来发展产生重要的影响。

图 3-6　20 世纪初厦门洋行建筑群

外国领事馆和贸易商行的设立及外来文化的进入,使鼓浪屿的建筑面貌得到根本的改变,西洋建筑、中西合璧的建筑大量出现,这些改变是源于以下三个原因:

（一）新建筑材料出现

随着对外交流的扩大，过去通过进口购入，只是修筑炮台时才能使用的、非常珍贵的"铁水泥"，开始用于外国人的建筑和中国人的公用建筑及民用建筑。水泥与钢筋结合的钢筋混凝土结构，取代了木制楼板，使建造大跨度、高层的楼房成为可能。

（二）人们观念的改变

人们普遍感到，新式楼房较之过去的中国传统建筑宽敞明亮，容积率大，居住舒适，因而建筑新式楼房逐步成为时尚，二层、三层，乃至四层的楼房大量出现。

（三）社会对公共建筑的需求

洋务运动及清朝的灭亡，使中国社会发生根本性的变化，火车站、学校、会堂、教堂医院等大型公共建筑陆续兴建。教堂、学校以及领事馆等，在鼓浪屿这个外来经济文化及人口聚居集中的地理环境中高密度地建造了起来。

图 3-7　从虎头山俯瞰厦门港明信片

二、明清时期的厦门及鼓浪屿历史建筑

明清时期的厦门历史建筑，承袭了中原地区建筑的特点：主体突出，主次分明；前后左右均衡对称；整体布局严谨，对外相对封闭。其建筑结构，一如中原地区柱式梁架，斗拱覆瓦。材料上，使用中国传统工艺的石、木、砖等；在工艺技术和题材风格上，采用圆雕、立雕、浮雕；在木雕上用生漆、熟漆、贴金等装饰，内容多为祈求吉庆、四神瑞兽、虫草花鸟、八仙八卦、人物故事等,寓义四季平安,祈求吉庆。这种祥瑞装饰图案在清雍正年间发生变化,此前,图案和寓意较为单一,牡丹花象征富贵,莲花象征君子,菊花象征隐士……雍正以后变成吉祥图案,用物像组成吉祥语。在采用中原建筑的传统工艺技术的同时,不再拘泥于中原地区的装饰手法,而是根据当地建筑材料的特性和人文观念,融入地方特点。大量使用花岗岩、烟炙砖等建筑材料,堆砌成水车堵,砌筑成色彩斑斓的镜面墙;屋脊、屋面做成弯曲状,屋脊两端为高翘的燕尾状;屋脊上用彩色瓷片剪粘成生活气息浓厚、绚丽多彩的人物故事、瑞兽等立体装饰。这些装饰与中原传统建筑的平稳、庄重不同,具有强烈的民间特点,即通过夸张和艳丽的装饰吸引人们的注意,营造热烈喜庆的氛围。

明清时期,由于沿海地区人口稠密,耕地不足,加之连年的兵火战乱,许多农民的生活难以为继,不得不出洋谋生,海禁又促使大规模的移民集团出现。鸦片战争以后,国门洞开,沿海居民又一次掀起大规模移民的浪潮。早期的华侨多为文盲,只能充当苦力或从事"三刀二小"①。经过数年、数十年、甚至几代人的艰苦创业,这些华侨及其后裔在各行业中逐步占有了一席之地,涌现出许多企业家、科学家和艺术家。清末民初,他们陆续回到祖国兴办实业或居住,修建了许多受外国建筑风格影响或中西合璧的建筑物。这些建筑仍使用砖、木、石等传统建筑材料,但已出现洋楼的建筑特征,在门窗外口、檐口、女墙等处使用西洋建筑的装饰手法。一些现代工业基础设施的建设也成为今天的工业遗产。

三、在殖民经济裹挟下来到鼓浪屿的外来文化

鸦片战争之后,厦门成为五口通商口岸,1902 年鼓浪屿成为"公共地界",外国列强带着不同的目的,以不同的方式进入厦门,集中到鼓浪屿。清道光二十四年 (1844),英国驻厦门的第二任领事首次在鼓浪屿建造公馆,此后,各国纷纷开设立领事馆、工部局,开办教堂、学校、医院,兴建私人宅邸,那个时期遗留下诸多不同风格和特点的建筑物,其中有罗马式、哥特式、拜占庭式……这些建筑一般规模较小,均为砖木结构,带有西方建筑的基本特征,有些进行了简化,也有西方不同建筑形式之间的融合。

1911 年发生的辛亥革命推翻了延续了 2 000 多年的封建制度,建筑形式也彻底摆脱了束缚,现代建筑式样被广泛采用并流行。20 世纪二三十年代,大批菲律宾、马来亚、印度尼西亚、新加坡、越南、缅甸等东南亚国家的华侨回到厦门投资置业。据统计,在此十余年间,厦门的房屋建设资金 75% 来自华侨、侨眷和侨属,华侨、侨属和侨眷在鼓浪屿投资建造的房屋多达 1 014 幢,占房屋总数的 60% ~ 70%。这一时期的建筑,主要是东南亚和西洋、仿西洋的风格,多为二三层钢筋混凝土结构,正立面或两侧有宽敞的走廊或回廊,清水砖墙面,外围

---

① 三刀为菜刀、剪刀、剃头刀。两小为小商、小贩。

建有围墙和高大的门楼,许多沿街建筑为东南亚式的"骑楼",用日本或台湾生产的马约利卡彩色瓷砖装饰墙面非常流行,有人甚至将其镶嵌在传统式样的家具上。

另外还必须提到的是,在这一时期,著名华侨领袖陈嘉庚回到故乡厦门兴办教育,先后创办集美学村和厦门大学,形成别具一格的"陈嘉庚式建筑",其特点是,弯曲的屋脊与屋顶,仍为中国传统木构瓦顶,带有闽南的建筑风格,门、窗、墙面和内部结构则用现代建筑的式样和方法建造。虽然这些建筑不在鼓浪屿上,但是也受鼓浪屿建筑风格的影响,是厦门历史建筑的重要组成部分。

第三节 与鼓浪屿密不可分的厦门岛上的中山路街区

中山路街区,东至镇海路,南至鹭江道海边,西至大同路,北至公园南路一带,曾是厦门城市发展的核心区域,明代以后,一直是厦门政治、经济、文化的中心,清代以后更是市井繁荣、人文荟萃。随着城市发展的进程,至19世纪20年代现代街道规模形成之后,成为厦门商贸经济发展的中心街区,极具闽台特色和东南亚风情。中山路街区保存下来的优秀历史文化遗产,见证了厦门城市发展的全过程。

图3-8 中山路上的黄包车

中山路与鼓浪屿隔海相望,距离仅数百米,两岸之间的水道因此被称为"鹭江",足见其狭窄。"五口通商"前后,西方国家,当然也包括"明治维新"之后自称"脱亚入欧"的日本,急欲占据这一沿海地带,但是遭到中国人民的强烈反对。他们在这个企图失败后便选择了鼓浪屿这个相对独立的地理空间,将领事馆及教堂、医院、学校、私人宅邸等建在这里,港口、税务司、银行等实体经济组织机构和规模较大的教堂、医院等设在今中山路街区一带。

鼓浪屿原本就是一个小岛,居民本就不多,经济活动内容单一,经济规模也很小,在外来势力进入后,传统经济和文化几乎完全被外国的政治、经济和文化所取代。

经济是决定其他社会关系的基础,厦门中西文化的真正融合,发生在19世纪二三十年代民族经济复苏和发展之后。民族工商业者把企业、商行、商店、宅邸建在鼓浪屿和中山路街区一带,从这时起,中西双方,从政治、经济到文化,在不同方面产生碰撞和融合,形成互通互融。因此,鼓浪屿与中山路街区有密不可分的关系。

一、中山路街区形成的历史渊源

厦门的城市历史始于明代。

有城才会有城市,恩格斯在《家庭、私有制和国家的起源》一书中说:"在新的设防城市的周围屹立着高峻的城墙并非无故:它们的壕沟深陷为氏族制度的坟墓,而它们的城楼已经耸入文明时代了。"明洪武二十七年(1394),为加强海防,明政府在厦门岛设永宁卫中左守御千户所,筑厦门城,自此,中左所、厦门出现于典籍中,厦门逐步成为整个厦门岛的名称。清顺治七年(1650),郑成功在占据鼓浪屿之后又据厦门岛及厦门城。清康熙二十二年(1683),福建水师提督署移驻厦门,提督署设于厦门城内,此时,厦门城城内及周边地区的商贸、文化已十分繁荣,航运贸易也已有相当规模。清道光二十年(1840)鸦片战争之后,厦门成为五口通商口岸。1902年,鼓浪屿成为公共地界,厦门城至海边直到隔海相对的鼓浪屿形成城市中心。

中山路的最初雏形始于清代。

中山路自北向南分为两段,北段起自厦门城内的水师提督署(今市公安局)门前至思明南路;南段起自思明南路到海边。北段大致为南北走向,南段折向西南。从清光绪三十四年(1908)出版的地图可以看出,至少在清代晚期,中山路北段的大部分街道就已经存在,当时称为衙口街。南门外的一段街道也已见规模,南段也已具有基本走向。

现代中山路建成于20世纪二三十年代。

中山路全长1 200米,宽18米。1920年,厦门道尹陈培锟、地方士绅林尔嘉等倡议填平港汊,修筑马路,填地造房建设新市区,改善交通,改善市民居住条件。他们设立"厦门市政会"和"厦门市政局",分别负责规划建设厦门城市市政道路和执行施工。根据当时市政会的规划设计,厦门街市马路为"四纵七横",中山路(时名树庄路)为规划中的"七横"之一。中山路开发建设大约可分为两个阶段:第一阶段是 1920—1926 年,修筑了中山路北段,起于今市公安局、新华路路口,止于今思明南路路口,长 520 米,基本是对旧有街道的整修和拓宽;第二阶段是 1927—1932 年,修筑了中山路南段,起于思明南路路口,止于海边(今鹭江道口),长 600 米。1925 年,经过对路面的整修,正式取名为中山路。日伪时期,中山路改名为"大汉路",1945 年抗战胜利后复名。1966 年又改为"东方红路",1979 年 10 月复名。

中山路街区包括范围:北至厦门城(今公园南路),西至大同路、南至海边(今鹭江道),东至镇海路。

中山路街区是厦门城市发展的核心区域,经过 600 多年的积淀,留下大量物质的和非物质的文化遗产,荟萃了丰富的闽南传统文化并深受华侨带回的南洋文化的影响。

二、中山路街区的历史遗迹及文化内涵

中山路街区的北段位于明代厦门城内及南门外附近,当时的厦门城内除千户所外还建有海防馆、嘉禾所仓及石坊表三座,有较大的街道四条。现保留下来的有长 120 米的明代城墙和一条明代街道,城内的巨石上刻有明隆庆万历年间泉州府同知丁一中的五言律诗。

清代,厦门的军事地位进一步提高,康熙二十四年(1685),福建水师提督署移驻厦门,提督署建于今中山路的北侧尽头。同年,以台湾府合厦门置台厦兵备道。雍正五年(1727),兴泉道自泉州移驻厦门建署。十二年(1734),加辖永春州,称兴泉永道。乾隆三十二年(1767),加授海防兵备衔,称"福建分巡兴泉永海防兵备道"。提督署两侧有玉屏书院、旭赢书院,东侧有兴泉永道道署,城内街区人口稠密,祠庙众多,商业贸易繁荣,厦门著名文人都居住在这里。乾隆时厦门的著名诗人黄日纪于中山路东侧古凤凰山麓建"榕林别墅",更使此地"佳木显,美石出"。厦门城南面的海边即为港口和码头,施琅平定台湾凯旋即在此处登陆。

中山路街区现保留的文物和文物保护单位有:明末清初著名文人、郑成功幕僚阮旻锡夕阳寮隐居处。玉屏书院旧址有清乾隆十八年(1753)的"玉屏书院碑记"石碑,该址现为厦门市第五中学,全国人大常委会副委员长叶飞、卢嘉锡,全国政协副主席方毅曾在该校任教或学习。古凤凰山等处有清乾隆年间名人赞美凤凰山的题刻"古凤凰山""榕林别墅记"和树龄达 250 年的古榕树,以及"披襟""英凤霞爽""百人石"等刻石。厦门城内的巨石上有乾隆二十六年(1761)福建水师提督甘国宝"瞻云"和"曼倩偷(来)"题刻;清咸丰三年(1853)福建水师提督李廷玉关于镇压闽南小刀会起义的刻石;清光绪年间福建水师提督杨岐珍的"山环水活""仰之"题刻;清末厦门诗人庄志谦诗刻;清光绪三年(1877)状元王仁堪刻于清光绪四年(1878)的诗刻;清道光二十一年(1842)在鸦片战争中阵亡的江南提督、民族英雄陈化成的故居和由厦门绅商及陈化成部署陈胜元等为其捐资修建的祠堂；清光绪二十三年（1897）大清厦门邮务总局（后改为一等邮局）遗址；道光二年（1822）举人、闽台著名书法家吕世宜故居；民国时期厦门著名书法家、金石家欧阳桢故居；民国时期厦门著名学者、书法家和诗人李禧故居；民国时期厦门著名教育家王人骥故居；始建于1848年的新街礼拜堂，是我国最早的、供中国人使用的基督教堂，1933年礼拜堂重建奠基及1935年落成时，中华基督教全国总会赠石刻两方，一题"中华第一圣堂"，另一题为"耶和华驻跸之所"；清末武状元黄培松修建于清宣统二年（1901）至民国（1918）年的黄氏宗祠"江夏堂"；清末邱延枢公馆；中山路北侧尽头保存有原提督署门前的大石狮一对；全国政协副主席方毅的故居等。

三、民族经济的兴起与外来经济、文化的碰撞与融合

辛亥革命以后，中国社会发生巨大变化，新思想、新文化以及外国资本、华侨资本进入中国。19世纪二三十年代，发生了世界经济和金融危机，整个西方世界陷入经济萧条，工业、贸易、金融业急剧衰退。地处中国东南沿海，作为重要通商口岸的厦门却迎来城市建设发展史上的兴盛时期。此时，以中山路的开发建设为代表的近代厦门市政建设运动正在大规模进行，因此，吸引了大量国际资本流入。厦门是闽南重要的侨乡之一，新区建成后土地价值日益凸显，投资者获利日趋丰厚，增强了房地产业对侨资的吸引力。爱国爱乡情感的影响，又因南洋各地多为欧美的殖民地，受到转嫁世界经济危机的直接打击，制造业、商业经营日渐困难，许多有实力的华侨、台商最终选择转回国内投资，置店兴业，寻找商机。华侨和台商资本的进入，刺激了以中山路为中心的商业街区逐渐形成。直到抗日战争爆发，厦门的经济发展才陷于停滞。

中山路街区保留下来的具有南洋风格的建筑和骑楼式建筑多建于19上世纪二三十年代，数量多达数百座，仅中山路两侧就有60余座，大同路两侧有100余座，整个中山路街区保存下来的达数百处。这些建筑的底层以骑楼作为基本形式，上部的建筑和装饰则既有中国传统建筑特点，又有西式建筑特点，大量使用柱廊、塔堡和窗饰，形成中西合璧并有闽南风格的建筑街区，是中外结合、闽南与南洋建筑风格结合的典型代表。其中，街道两侧多为骑楼式建筑，间或有单体的西式或中西合璧式的建筑。中山路街区的东北侧的百家村则汇聚了荷兰式、日本式等多种风格的建筑。

这些建筑中比较著名的有：1927年建立的、大革命时期的厦门总工会旧址；厦门赤色工会旧址；台湾人在厦门建立的台湾公馆、台湾银行厦门分行；抗日战争时期厦门各界抗敌后援会旧址；最早建于1877年专门为华侨汇款服务的、至今仍在延续使用的华侨银行；中国现代著名小说家、散文家、诗人郁达夫和中国现代爱国民主战士、诗人、文史学者闻一多居住过

的天仙旅社;厦门著名教育家陈桂琛故居;厦门著名教育家林采之故居;厦门名医、医学教育家盛国荣故居。

图 3-9　台湾公会

当时,中山路街区的商贸十分发达,19 世纪二三十年代,大同路上分布着厦门最大的商号和娱乐场所,现在保留下来的有同英丝绸公司旧址、瑞丰参行旧址、正大参行旧址、建城百货公司旧址、捷克百货公司旧址、永康成百货公司旧址、南泰成百货公司旧址、大同戏院旧址、新合美钢铁旧址、思明电影院等。此外,还有多座中西合璧、建筑精美且具有相当规模的别墅式住宅,如天一楼。此后,商贸中心逐步转移到中山路。连绵不绝的骑楼连成一片,形成融合欧式、东南亚和闽南当地风格的建筑街区。

中山路街区民族工商业的兴起,带动了文化的繁荣,具备了与外来文化抗衡、交融的条件。由于其作为原动力的外来资本本身就具有外来文化的特点和因素,因而形成鼓浪屿、中山路街区不同文化的碰撞与融合,形成多元文化共生的格局。

图 3-10　现代的中山路

第四章　河仔下码头遗址

鼓浪屿河仔下码头的地表建筑已经消失,因此,在 2011 年八九月间对遗址进行了考古发掘,发现了一处可能与码头有关的遗迹。

第一节　厦门岛与鼓浪屿的码头

一、古代码头向近代码头的转变

中国古代的码头,总体上说,分为两种——木结构浮桥式码头和石砌驳岸码头。木结构浮桥式码头,用木头作桩,挑出水面,上铺木板,岸壁也多用木板固定。这种码头专供吃水较深的大船停泊。石砌驳岸码头将原来的自然河岸或海岸用石头加以整饰、固定而修成,码头上还修有石砌阶梯。也有利用岸边平缓的岩石凿刻出台阶作为码头使用的,但数量很少,只能用于小型船舶的临时停靠,如,位于厦门岛东部海边的宋代五通码头。

为了卸货方便,有的码头还修建木跳板,即在船和岸之间搭设简易的模板,船工和码头工人用肩挑背扛在木跳板上来回穿梭,进行装卸作业。

图 4-1　石表山古码头（石砌驳岸码头）

图 4-2　阳谷县七级古码头遗址（石砌驳岸码头）

　　木结构浮桥式码头和石砌驳岸码头都只适于无机械动力的木帆船停靠,吃水浅,岸线短,设施也比较简陋。

　　第一次鸦片战争之后,中国被迫开放东南沿海的五个口岸,随着外国船只的到来,中国码头的规模、结构、材料上都发生变化。

　　最初的变化不大,因为这一时期世界各国用于航海运输的船只大部分还是帆船,码头主要是石砌或砖木结构。载重量大、吃水深的船只,一般不在码头卸货,而是停泊在码头附近水面上,通过小型驳船进行装卸作业。到 19 世纪 70 年代左右,轮船逐步取代帆船,船只的吨位也大幅增大,过去相对简易的码头已不能适应船舶发展的需要,轮船码头开始出现,石砌驳岸码头逐渐向能够靠泊轮船的近代港口发展。修筑码头的材料从石头、砖木变成钢铁和钢筋混凝土;码头的结构也分为固定式和浮码头式两种。固定式结构,就是在岸壁边,以木料或混凝土为基桩,上铺石、木板或混凝土面。浮码头式,即用浮桥将趸船与岸边相连。趸船是一种无动力装置的矩形平底船,固定在岸边、码头以供船舶停靠,上下旅客,装卸货物。浮桥可以随潮水涨落或升或降,适用于水面涨落变化较大的水域。

图 4-3 厦门观海园码头（固定式码头）

二、近代厦门的码头建设

厦门开埠之后,码头建设起步虽然较晚,但适逢轮船逐渐取代帆船的转变期,起点却一点不低。清同治六年（1867）（原文是 1880 年,《厦门市志》上则是 1867 年,其他一些材料上也是 1867 年,故文中采用 1867 年）,英商太古公司在岛美路头（现东海大厦）北侧建造太古趸船码头,引桥长约 53 米,前沿设有栈房式趸船 1 艘,码头上建有 6 间栈房,这是近代厦门港成为较为先进的综合性码头的开始。

图 4-4 1906 年厦门带有船坞的码头太古码头

厦门码头的建设在民国后又有了很大的发展,当局相继进行海后滩筑堤工程,填平拆毁明清一直沿用的古渡口,重新建造了大小码头20余座,这些码头均使用石砌或混凝土材料,分为斜坡式和阶梯式两种。

根据《厦门市志》,当时在厦门岛修建的,现在仍在使用或有迹可查的有下列码头。

(一)第一码头

为钢筋水泥结构的单向踏步式(阶梯式)码头,俗称担水路头。1959年8月23日强台风袭击厦门时,原第一码头被毁。同年,在原码头向西移50米的堤岸拐弯处,建一座木结构排架式临时码头。1964年改建为钢筋水泥结构斜坡式码头,1966年在改建后的码头左侧堤岸15米处新建一座长32,宽6米,靠泊能力10~50吨级码头。

(二)第二码头

俗称龙船礁。原为单向水泥结构踏步式码头,长13.2,宽2.73米,靠泊能力10~15吨。抗日战争时期塌废。1985年,厦门市轮渡公司在原码头左侧10米处新建双引桥趸船式水陆联运码头(又称旅游码头)。

(三)第三码头

建于民国十九年(1930),为水泥结构踏步式,长12.7,宽2.6米,靠泊能力10~100吨。1959年改建单引桥趸船式码头,专门靠泊军用船舶。

(四)第四码头

由原典宝路头填海延伸,为水泥结构,长23.8,宽2.6米,靠泊能力4~15吨。

(五)第五码头

由原洪本部路头填海延伸后建成石砌斜坡式码头,长75,宽3米,靠泊能力10~70吨。1981年由港务局将原航空码头至五码头拓建成港口装卸作业的混合式码头,石砌实体斜坡式,长75,宽1.5米。

(六)第六码头

由原打铁路头延伸后建成,长60,宽4米。1952年9月改建成石砌斜坡式,长75,宽5.2米,靠泊能力5~50吨。

(七)内河客运码头

最早位于第八、九码头之间,1972年省航管局厦门客运站在第八码头的位置新建,称东风码头。码头为水泥高桩透空栈桥式轻型客运码头,码头长38.14,宽3.78米,栈桥长35,宽3.5米,桩基结构。

(八)第八码头

由原磁街路头填海延伸后建成,为双向水泥踏步式码头,连接海滩坡道,长23,宽1.9

米,靠泊能力 10～50 吨。

(九)第九码头

由原史巷路头延伸,因码头处于邮政局前,故又称邮政码头。民国二十二年（1933）建成水泥踏步式码头,长 16,宽 7 米,靠泊能力 100～200 吨。现为港务局作业船停靠码头。

(十)中山路头码头

位于旧轮渡码头与第九码头之间,由岛美路头填海延伸,原建有水泥踏步式码头,可泊小艇。民国二十六年（1937）9 月由厦鼓轮渡管理处改建为单引桥连接趸船的专用码头。1975 年重建铁浮桥式(以双引桥与方舟连系)码头,长 16,宽 6 米,高潮时水深 12 米,低潮时水深 6.7 米,可泊 200 吨级船舶。

图 4-5 厦鼓交通码头明信片(固定斜坡式码头)

(十一)水仙宫码头

由原水仙宫码头填海延伸,为水泥双向踏步式,长 6,宽 4.3 米,靠泊能力 200～500 吨。1949 年 10 月后改为厦鼓客货运舢板船、机帆船专用码头。

(十二)和平码头

位于鹭江道堤岸一带,原名太古码头。同治六年(1867),英商太古洋行在海后滩原岛美路头(现东海大厦)修建浮桥和趸船。浮桥长约 53 米,趸船长约 48 米,宽约 6 米。民国二十一年 （1932）,太古公司建成两艘各长 64,宽 9 米的钢质趸船和一座长 21,宽 4.8 米的引桥,驳岸1 865米,可泊3 000吨级货轮。港区仓库建筑面积7 464平方米,容量1.53万立方米。

1955年,太古码头由福州港务局厦门分局接管。1957年鹰厦铁路全线通车时,终点直达太古码头货场,该码头成为厦门市铁路、公路、水路货物转运码头。港区铁路两股各长340米,每天进出火车6列。1958年,太古码头改为"和平码头"。码头占用岸线200米,有3 000吨级钢质码头一座,由一个7×64米和一个11×100米的趸船组成,吃水0.7米。两条趸船中间有一座24.3×4.8米的钢架引桥联系。码头前沿水深7米,可泊5 000吨级货轮或6 400吨级客轮。陆域纵深40~50米,有双层仓库一座,建筑面积5 800平方米,有效面积4 800平方米(净高3.05米);由货棚改建成的仓库一座,有效面积1 500平方米;普通堆场一座,面积1 248平方米。1980年,在2号泊位安装一艘长100米,宽11米,深2.05米的趸船,作为客轮专用码头。原仓库的第二层改建为候船室。1988年1月,和平客运码头完成扩建(改建)工程。1号泊位由原来的64米长趸船更换为100米趸船,增建撑杆墩一座。1988年12月,3号泊位新建工程完成,建成钢筋混凝土平台4个,长118,宽23米,面积2 460.5平方米;新建栈桥一座,长22,宽7米;新安装钢质趸船一艘,长120米;完成37根灌注桩。自此,和平码头成为万吨级客货运码头。

(十三)沙坡尾码头

民国二十年(1931),海后滩第四段筑堤填滩工程竣工后,自厦门发电厂南岸的沙坡尾一带沿海沙坡作为小货船靠泊卸货用。

图4-6　清代厦门的五通码头

三、鼓浪屿的码头

鼓浪屿与厦门、大陆的交通,在鸦片战争之前,只有小型的渡口,用于运送两岸居民往来和小宗商品。鸦片战争之后,外国人将部分洋行设在鼓浪屿上,大宗货物进出频繁,鼓浪屿原有的渡口已不能满足需要;到了清咸丰三年(1853),在厦外国人开始把鼓浪屿当作居留地,外国人每天须坐船到厦门上班,维持岛上舒适生活的各种生活资料须从厦门或大陆运进,为了保证人员和物资运输需要,岛上的外国人和华侨富商先后修建了不少码头。根据《民国厦门志》记载:"鼓浪屿旧有渡头:曰康太、曰淘化路头、曰河仔下、曰三坫田、曰和记崎、曰龙头、曰西仔路头、曰新路头。十余年前,黄仲训新筑一渡,曰黄家渡。"至2004年还在使用的,则有以下七个码头。

(一)厦鼓轮渡码头

鼓浪屿至厦门的渡运码头,在民国二十六年(1937)前主要靠泊双桨船和小舢板船。民国二十六年(1937)十月厦鼓轮渡正式通航。1976年,鼓浪屿龙头路口扩建铁浮桥式(以双引桥和方舟连系)码头,长16,宽6米,高潮时水深7.2米,可泊200吨级船舶;低潮时水深2.1米,可泊50吨级船。岸上筑有钢琴造型的候船室,作为音乐之岛的象征。

(二)黄家渡码头

最早由通商局在海滩上架设简易码头(俗称柴楼梯),作为厦鼓小货船卸货用,也称通商码头。20世纪20年代,黄仲训耗资几十万元,填平大片海滩,通商码头亦被填平,在海岸新建一座大型码头,取名"黄家渡",作为货运码头。码头岸线长50米,为水泥斜坡踏步式,高潮时水深4.9米,可泊500吨级船。1957年改用条石加固。

图4-7 黄家渡码头

（三）中谦码头

在三丘田码头西侧，因菲律宾华侨林玉中与其姻亲洪子谦两人合股开设"中谦行"而得名。现为鼓浪屿绝缘材料厂专用码头。

（四）总巡码头

位于燕尾山麓、原厦门市第二医院肺科分院。清光绪年间，各国海关人员的别墅建在此处山坡上，人称"总巡公馆"，码头因而得名，又称"海关码头"，现为造船厂鼓浪屿车间专用码头。

（五）饷馆码头

因清初设"饷馆"于此而得名，后兆和罐头厂开设在此，又名"兆和码头"，现为玻璃厂专用码头。

（六）东方码头

位于厦鼓轮渡码头北面，最初称坞内码头，后因作为东方制冰厂专用码头而得名。因毗邻厦门酒店，又称酒店码头。东方码头系石质斜坡式，岸线长 30 米，高潮水深 3.5 米，可泊 20 吨级船。在东方码头附近，原来还有电船码头和双桨码头。电船码头是原厦鼓各洋行、银行自备小汽船（厦门人称电船）停靠的专用码头；双桨码头也叫龙头码头，是客货兼载的双桨小船专用码头。

（七）三丘田旅游码头

1985 年 1 月竣工。由候船大厅、固定引桥、前沿平台及小游艇码头组成，作为厦鼓海上游览艇靠泊用，也作厦鼓轮渡码头用。

图 4-8　鼓浪屿别墅码头

和记码头和义和码头现已废弃。

现存码头，经过多次修葺、翻建，已很难看出原先的模样，不过依靠老照片和现在仍遗留在沙滩上的零星遗迹，我们仍可一窥这些码头过去的风貌。

这些码头主要用混凝土或大型条石板为基桩，其上用石板、条石铺或水泥砌成斜坡踏面，从岸边向海中延伸。条石或石板往往四块拼成一个近方形组合件，组合件两端搭在基桩上，每座基桩上搭有两组这样的组合件，基桩中间铺一条较细的条石，将这两组石板分隔开，条石间的缝隙用水泥等填充料填实。退潮时，码头就成为跨越沙滩的栈道。其宽度可以两顶双人抬的轿子并行。

第二节　河仔下码头遗址

一、河仔下码头遗址现况

河仔下码头遗址位于鼓浪屿东北部海边，环岛路西侧。遗址西北部是救世医院旧址（原厦门市第二医院肺科分院）和燕尾山炮台遗址，东面与厦门岛隔海相望，西侧、西南侧为居民区。遗址东侧陆地系20世纪70年代之后逐渐填海造陆形成的。旁边的沙滩上仍保留有部分码头遗址，高潮时完全被海水淹没，低潮时大部分露出水面。

根据附近老人的回忆，河仔下码头应是光绪二十四年（1898）美国教会成立厦门救世医院时同期修建的医院专用码头。根据旧照片判断，该码头为斜坡式码头，靠近岸边部分应是混凝土浇筑。20世纪七八十年代填海造陆时被拆毁，现仅在附近海滩上保留有长约15，宽1~2米的遗迹。

图4-9　救世医院与河仔下码头旧影

图 4-10　河仔下码头遗址环境

二、河仔下码头遗址的发掘

(一)发掘过程

河仔下码头遗址东面直到环岛路,都被整修成小花园,地面铺草坪,间有观赏灌木植物修剪成的篱墙,花园中心种植幼年榕树一棵,以榕树为中心,周边半径约 3 米范围内的地面上铺有红色地砖,设置木石长凳,有一条红砖步道横穿公园,延伸至西侧的居民小区,可供发掘的区域面积有限。根据海滩上遗留的码头遗迹的走向,考古人员在肺科医院围墙南侧布设 3×5 米探沟一条,探沟为西北—东南向,与码头遗迹走向垂直。在发掘过程中又向东南方向扩方 5 米。探方地理坐标为北纬 24°27′14.15″,东经 118°03′45.54″。

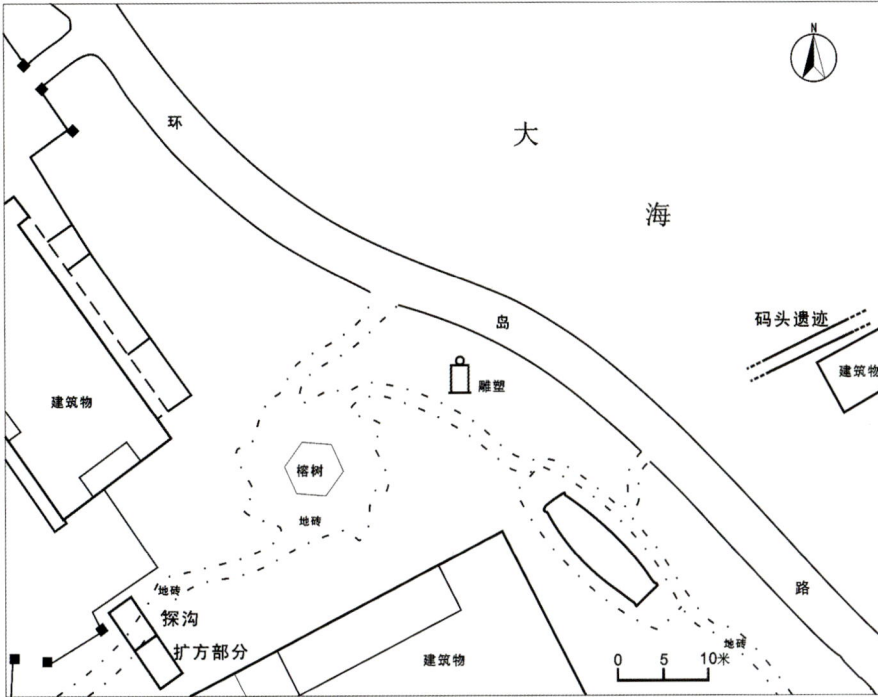

图 4-11 河仔下码头遗址探方分布及码头遗迹图

本次发掘,按照田野考古规程要求,自上而下逐层清理。发掘面积共 30 平方米,发掘深度 1.1 ~ 1.2 米。

图 4-12 河仔下码头遗址发掘现场

图 4-13　河仔下码头遗址发掘现场的探沟

（二）地层堆积

该处地层堆积由填海造陆和填埋垃圾形成，故而地层堆积较为复杂、凌乱。根据土质土色，分为三个地层：

第①层，又可分为两层，①a 层为灰土层，厚约 0 ~ 0.1 米，包含物主要为草根。②b 层是红砖步道的水泥路基。

第②层，红土层，厚约 0.12 ~ 0.2 米，包含少量草根及碎砖。探沟东北部 2 层下有一处现代医疗垃圾填埋坑，填埋坑打破第 3 层。

第③层，沙土层，此层因压在排水管道上，未清理到底，已清理厚度为 0.8 ~ 0.9 米，包含物仅为少量碎石。探沟西南部在第 3 层下有一处建筑垃圾填埋坑，包含大量碎石碎砖，坑内填土为黑土，从层位关系看，应与第 3 层同一时期形成。

图 4-14　探沟剖面 1

图 4-15　探沟剖面 2

图 4-16 探沟剖面 3

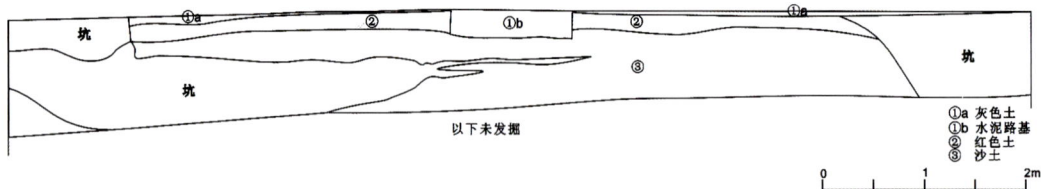

①a 灰色土
①b 水泥路基
② 红色土
③ 沙土

0　　　　1　　　　2m

图 4-17 河仔下码头遗址探沟西南壁剖面图

（三）主要收获

1. 遗迹与遗物

可能与码头有关的遗迹发现于沙土层中，由三块不规则形状的大石板组成，其中两块较大的紧密拼合在一起，总长 1.75 米，最宽处 1.2 米，厚约 0.2 米，较小的一块距离稍远，最长处约 0.85 米，最宽处约 0.74 米。与海滩码头遗迹大致在同一直线上，从位置上看可能是码头遗迹的一部分，但受周边树木、建筑、道路分布等情况的制约，无法进一步扩方，发掘面积无法扩大；探方周边地下有暗沟、暗渠等地下排水设施，且第 3 层沙土层土质疏松，稍受震动就会坍塌，继续向下清理存在安全隐患，因此无法在发掘现场取得更多的资料以确定遗迹性质。

图 4-18 遗迹在探沟中的位置

图 4-19 遗迹近照

图 4-20　有可能是码头的遗迹

图 4-21　河仔下码头遗址探方西北壁剖面(局部)

海滩上遗留的码头遗迹,是码头的下半部分,从遗迹现状看,码头下半部分似乎是石砌,还保留有少量石砌斜坡和基桩,基桩由条石交错搭建而成,具体构筑方式是:三四块长度大致相仿的条石,条石的长侧边相接并排埋入沙中,组成方形或长方形基础,其上再放置条石,这层条石的走向与组成基础的条石相垂直,如此重复砌建到高出沙滩约0.9~1米,顶面经过处理后即可使用。用于建造石砌斜坡的条石组合,长度大约都在2米左右,由此推测基桩之间的距离大致相等。由于遗迹范围内条石散布杂乱,无法测量石砌斜坡的宽度。遗迹残存部分散布范围长约15米,宽约1~2米,最高处距海滩表面约1米,因长期受海水冲刷及浸泡侵蚀,已散乱不堪,条石间的粘合物也被海浪冲刷干净。

图 4-22　河仔下码头海边遗迹

图 4-23 码头遗迹细部俯视

图 4-24 码头遗迹细部 1

图 4-25　码头遗迹细部 2

2. 结果与讨论

河仔下码头遗址因保存状况较差,周围环境又限制了发掘面积和深度,难以取得有效的实物资料。待日后条件成熟时,运用电磁勘探等高科技技术作进一步探查,同时应寻找与河仔下码头有关的老照片及文献资料,以便全面了解河仔下码头的构造及历史。

第五章　西班牙船长墓

第一节　西方冒险者来到厦门

在 14 和 15 世纪,地中海沿岸一些城市出现资本主义生产的最初萌芽,南欧一些国家,手工业及商业贸易有了相当程度的发展。一些商人渴望向外扩充贸易,获取更多财富。但1453 年,土耳其奥斯曼帝国攻占君士坦丁堡及东地中海和黑海周围广大地区,控制了东西方交通往来的通道,对过往商人征收重税,多方刁难。中亚、西亚战事频繁,盗匪横行,西欧与东方陆上贸易的通道——丝绸之路几乎被阻断。由东方经由波斯湾—两河流域—地中海和经由红海—埃及—地中海的两条海上商路又完全由阿拉伯人掌握。因此,欧洲商人和封建主为了获得比较充裕的东方商品和获取更多黄金、白银等贵金属,为了免受土耳其人、阿拉伯人及意大利人的层层盘剥,便急于探求通向东方的新航路。同时,由于西方各国在生产技术方面已有很大进步,指南针也已从我国传到欧洲,航海术的提高,多桅快速帆船的出现,火药武器的出现和广泛应用,地圆学说获得承认等,为远洋探航提供了物质条件和思想准备。以 1492 年哥伦布发现新大陆为开端,欧洲国家的船只锲而不舍地向西航行,越过大西洋,横渡太平洋,去寻找《马可·波罗游记》中那个遍地是黄金的国度——中国,位于我国东南沿海的厦门就成为他们最早关注的港口之一。

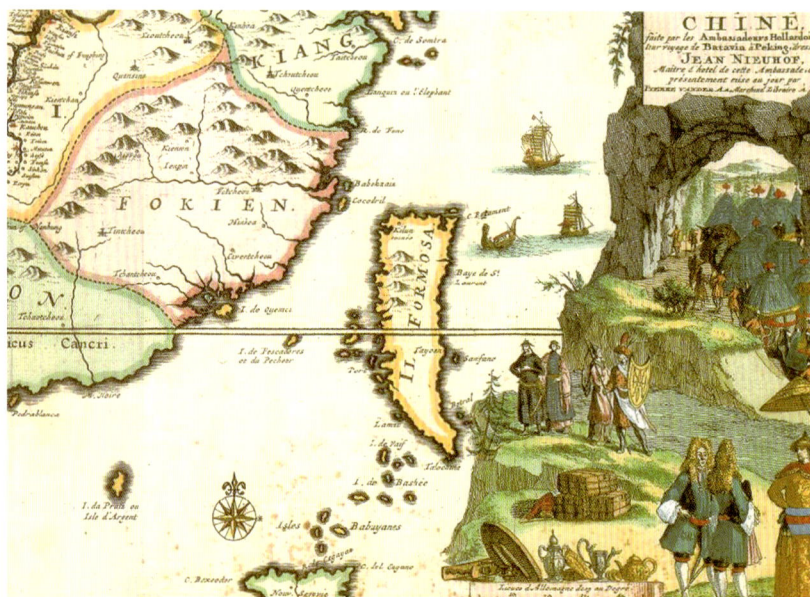

图 5-1　17 世纪西方探险者绘制的福建沿海地区

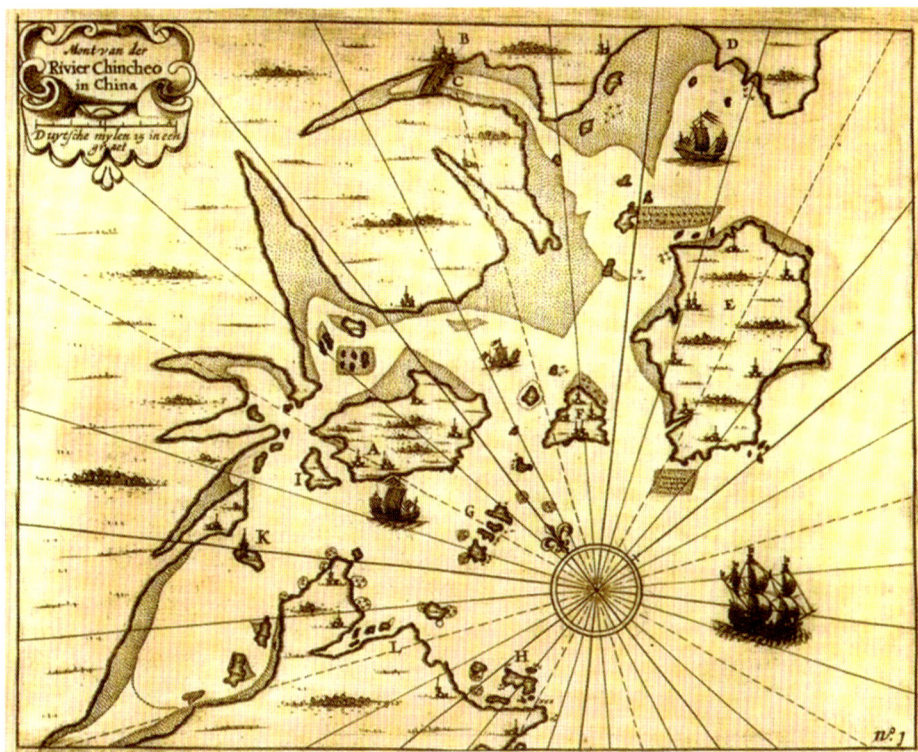

图 5-2　明崇祯二年(1629)东印度公司所绘中国漳州河口。原为柯梅林《荷兰东印度公司的缘起与发展》(*Begin ende voortgangh van de Vereenighde Nederla－ntsche Geoctroyeerde Oost－lndische Compagnie*) 一书中的插图,为 17 世纪初期荷兰东印度公司船只航行东方及中国之记录,原图绘制时间约当 1629 年之前,为西人最早绘制中国沿海地图之一。图中罗马字母分别为:A 厦门;B 安海;C 安海桥;D 围头;E 金门;F 列屿;G 大担;H 浯屿;I 鼓浪屿;K 海门;L 镇海。

一、16 世纪葡萄牙人在中国的活动

15 世纪末到 16 世纪初,随着地理大发现的深入发展,欧洲西班牙、葡萄牙等国的探险家和殖民者出现于中国沿海。正德十一年(1516),拉斐尔·佩雷斯特雷洛（Rafael Perestrello）乘满剌加（今马六甲）土著的船只来到广州,为随后的贸易活动进行前期侦察。第二年,费南多·佩雷斯·德·安德拉德（Fernao Peres de Andrade）指挥的由 4 艘葡萄牙船和 4 艘马来船组成的船队停泊在广东台山上川岛海面。很快,安德拉德得到明政府允许率领两艘船前往广州,葡萄牙派出的使者更获准前往北京朝见正德皇帝。但是,正德十三年（1518）葡萄牙人在上川岛擅自筑堡并行使刑事管辖权,这些侵犯中国主权的行动激起了当地人民和明朝政府的反对,安德拉德被逐出口岸,前往北京的使者被关入天牢,上川岛的据点受到明军围攻（即屯门之战）。正德十六年（1521）,葡萄牙人突破包围逃回满剌加,明军收回上川

岛。正德十六年（1522），明朝和葡萄牙之间又爆发西草湾之战，葡萄牙几乎全军覆没，残余力量逃往浪白澳（Lampacao，澳门西面的一个岛），在那里建立了一个贸易站，悄悄地进行走私和非法贸易，这个贸易站一直到嘉靖二十一年（1542）才得到明朝政府的认可。

葡萄牙人两次战败，仍徘徊在中国沿海，一些葡萄牙人从广东沿海北上，在泉州、福州和宁波进行贸易，他们在宁波建立了一个繁荣的殖民区，但是，正如马士在《中华帝国对外关系史》第一卷中指出的"由繁荣产生了一种傲慢的气焰，傲慢又发展成骄横无礼并造成了这些殖民者的滋扰不法行为"。嘉靖二十四年（1545），明政府武力收回这个殖民区，约800名葡萄牙人丧命。此后，明朝政府厉行海禁，葡萄牙人在浙江的势力基本上被清除干净，葡萄牙人不得不退出浙江沿海。

厦门港口条件优越，很早就引起葡萄牙人的注意。葡萄牙船队在浯屿和中国商人进行贸易，虽然贸易一度"热火朝天"，但很快遭到当地政府的查禁。根据《厦门志》的记载，嘉靖二十四年（1545），90多名中国商人因违反海禁被杀，但葡萄牙人始终在福建沿海逗留不去，不断进行骚扰和开展走私活动。嘉靖二十八年（1549），明朝与葡萄牙又爆发走马溪之战，葡萄牙人被击败，被逐出福建沿海。葡萄牙人退回澳门，但与福建的通商联系并未中断。隆庆元年（1567）之后，明朝政府有限制地解除海禁，允许外国商人在漳州月港进行贸易，中葡贸易又有所恢复。

二、西班牙人与福建的贸易

在葡萄牙人之后来到中国的，是西班牙人。嘉靖四十四年（1565），西班牙人在菲律宾建立起殖民统治，把视线转向中国。万历三年（1575），一支追剿海盗的明朝水师驶入马尼拉休整，补给物资，西班牙借此机会，派出使者随明朝水师前往中国，八月到达厦门，之后前往泉州、漳州、兴华和福州等地，拜见了福建巡抚刘尧海，同年九月又从厦门返回菲律宾。

这次访问中，西班牙人的通商要求被拒绝，但西班牙人仍然悄悄地与福建商人建立了贸易关系，这条贸易路线的主要商品是生丝，船队规模和贸易额都相当可观。

随着贸易的发展，西班牙人开始把中国商人看作巨大威胁，因为前往菲律宾谋生的中国人数量不断增加，明朝水师偶尔经过菲律宾时，受到当地华商的热烈欢迎，西班牙人深恐当地华人与明政府联系过密，进而危及其殖民统治；另一方面，中国商人在贸易中赚取的丰厚利润又让西班牙人垂涎三尺。所以西班牙人常常掠夺、限制和虐待华侨华商，甚至加以屠杀和驱逐。万历三十一年（1603）和崇祯十二年（1639），西班牙殖民当局两次在马尼拉大规模屠杀华人。西班牙殖民当局的这些做法使双方的贸易时断时续，时好时坏，极不稳定。

图 5-2　西班牙舰队

图 5-3　航向东印度的荷兰战舰图

三、荷兰、英国

16 世纪末到 17 世纪初,欧洲的荷兰摆脱西班牙的统治后,很快走上资本主义道路。其海上势力异军突起,拥有强大的海军和远超其他欧洲国家的武装商船队,有"海上马车夫"之誉。1595 年,荷兰人首次到达印度、爪哇,1602 年,荷兰成立了东印度公司,之后很快击败葡萄牙和西班牙在这一地区的海上力量,垄断了东方海上贸易。万历三十二年(1604),一艘荷兰商船到达广州,但被拒绝通商,万历三十五年(1607),荷兰人的通商要求再次被拒绝。天启二年(1622),荷兰人试图在广东沿海取得立足点但再次失败,他们转而前往福建沿海。同年,荷兰占领澎湖列岛,伐木修筑城堡,准备长久盘踞,他们派译使要求通商。福建官府拒绝荷兰人首领韦麻郎的要求,严禁沿海商民私自出海交易。总兵施德政令都司沈有容领兵渡海征剿,沈有容率 20 艘兵船驶抵澎湖,亲到荷兰舰上谕令其撤离澎湖。韦麻郎部下"露刃相诘,"沈有容"所慑,盛气与辩",荷兰殖民者理屈词穷且因粮食将尽,只好率舰离去。

图 5-4　沈有容谕退红毛番韦麻郎石刻

　　同年五月,荷兰东印度公司司令官高文律率领舰船6艘,载兵2000名,再度侵占澎湖岛,筑城据守。随后,荷兰舰进犯中左所,逼圭屿,企图入月港,由于海澄县守备严密,未能得逞,遂派人要求通商。福建巡抚见荷兰殖民者来意不善,再次严词拒绝。此后,荷兰军舰出没于浯屿、白坑、东碇、莆头、古雷、洪屿、沙洲、甲洲之间,侵扰沿海各地。荷兰殖民者所到之处,"大肆焚劫","商、渔并遭荼毒,村落相顾惊逃",致使"洋贩不通,海运梗塞"。仅在厦门附近就烧毁船只六七十艘,掠走渔船600余艘,抓走壮丁1500余人。荷兰殖民者强迫这些被掠渔船和被抓民工在澎湖为其运土石筑城堡,大部民工因劳累过度而死去,剩下579人被运往巴达维亚当奴隶出卖,航海途中遭受虐待,大部分死亡,到达巴达维亚仅存活33人。荷兰殖民者的野蛮暴行,激起沿海军民的极大愤恨,奋起抗击。

　　10月,福建总兵徐一鸣率领明军进驻中左所。厦门人民积极配合官兵进行抗荷斗争,如陈则赓散家财招募敢死壮士,声称政府允许通商,扮成"通商代表",携带放毒的酒菜,"入夷船遍觞之",急下小船返回明军舟师,对荷舰进行火攻,"俘斩数十人"。徐一鸣在厦门鸿山寺镌勒"攻剿红夷"题名石刻,当时还有朱一冯、赵纾督师来厦攻剿"红夷"。

图5-5　陈第、沈有容题刻"万历年(辛丑,1601)四月朔,三山陈第、宛陵沈有容同登兹山,骋望极天,徘徊竟日。"

图 5-6　朱一冯"攻剿红夷"石刻

　　天启三年（1623），为制止荷兰侵扰，新任福建巡抚南居益派人前往巴达维亚交涉无效。明廷遂提出"调兵足饷方略"，准备征讨荷兰殖民者。是年秋，荷兰舰船再次侵犯厦门鼓浪屿，火烧晃园。浯铜把总王梦熊带领官兵迎击，一举将其击溃，夺得荷船3艘。荷兰殖民者不甘心失败，军舰直入内港。王梦熊以数十艘小艇伪装渔船，"藏火具，潜迫其傍、乘风纵火"，继以大舰实施冲击，"焚甲板十余艘，生擒大酋牛文来律钦等，夷脱于火者，尽溺于水"。十月下旬至十一月间，荷舰又两次侵犯浯屿。福建总兵谢隆仪乘其不备，于夜间实施海上突击，烧毁入侵的荷舰，俘其头领及部属60余人，焚溺而死者不少。

图 5-7　荷舰侵袭厦门图

南居益见荷兰殖民者久踞澎湖,屡犯福建沿海,遂于天启四年（1624）秋领兵分三路征讨。荷兰新任司令宋克见明军近万,兵船 200 艘,多层围困,不敢再行抵抗,遂下令撤离澎湖。残余兵力撤往台湾南部并建立据点。

明崇祯三年(1630),荷兰殖民者又犯中左所。明军游击郑芝龙招募龙溪人郭任功带领 10 余人,乘夜浮海到荷舰尾部,潜入舰中,放火焚烧 3 艘,其余荷舰慌忙逃遁。崇祯六年(1633),荷兰舰队侵犯福建北部沿海,福建巡抚邹维琏亲自领兵至福宁（今霞浦）迎击并命在广东海面的郑芝龙北上增援。荷兰舰队乘机南驶,突入中左所,焚烧明军船只,残害厦门军民。邹维琏一面命漳、泉等地募兵抗荷;一面授予诸将兵略,水陆并进,南驰会攻荷军。郑芝龙从福宁海面率舟师赶到,率众奋战,杀伤不少荷兵。随后,诸将协力作战,以小舟出奇制敌,荷舰大败,转犯石湾、海澄等地。邹维琏即大集舟师于铜山（今东山岛）海面阻击,与荷寇苦战八昼夜,"生擒酋长数十人,焚其舟舰、器械略尽"。9 月 20 日,荷兰巨舰 9 艘联合海盗刘香老海船 50 余艘进犯金门料罗湾。邹维琏以郑芝龙为先锋,率舟师进攻荷兰舰队。郑芝龙统领战船 105 艘,列队冲向荷兰舰队,官兵奋勇跳上荷舰,与敌短兵相接,纵火焚烧,夺得荷舰 1 艘,斩获首级 20 颗,生俘百余人。荷兰舰队败退逃走。此后,荷兰殖民者专注于巩固在台湾的殖民统治,直到南明永历十六年（1662）被郑成功驱逐出台湾。

图 5-8 郑成功接见荷兰谈判代表图

17世纪时,英国人也寻求与中国展开贸易,但是由于这一时期英国人专注于争夺、开拓和巩固他们在欧洲、北美以及非洲的政治、经济权益,对遥远的东方有心无力,因此英国人在中国的早期活动规模不大。相对其他欧洲国家而言,英国人看起来还算老实、低调。两国的直接贸易最早发生在崇祯十年(1637),英国船队到达澳门,由于葡萄牙人暗中作梗,英国人在广东沿海的贸易始终进行得不顺利。荷兰人被逐出台湾,使英国人看到希望。清康熙九年(1670),英国尖尾帆船"班丹"号和单桅帆船"珍珠"号到达台湾南部,在安平抛锚,随后英国东印度公司与郑氏集团达成通商协议,在台湾和厦门设立商馆。由于种种原因,在厦门的贸易比在台湾更成功,除了在清康熙二十年到康熙二十四年(1681—1685)之间短暂的中断外,英国人在厦门的贸易一直持续到18世纪中期,但随着清政府对外贸易的限制越来越多,英国人在厦门的贸易活动日渐减少。这种状况一直持续到第一次鸦片战争,英国人用坚船利炮轰开中国的大门为止。

这些来到中国的欧洲人,大多是航海探险家,半是商人半是海盗的机会主义者、幻想得到财富和权势的野心家和殖民者。他们来东方的目的,不仅仅是贸易通商,一旦取得立足点,他们就开始修筑城堡,接着在当地横征暴敛、敲诈勒索、巧取豪夺,肆无忌惮地侵犯当地人民的正当权利,行使其殖民统治。即便因为力量不足无法取得理想的立足点,他们也不会专注于正当贸易,一旦发现有利可图,"正当商人"马上就变成海盗和奴隶贩子。由于这种种作为,使当时东亚主要国家——中国、日本、朝鲜在与这些欧洲人交往时,总是带着猜疑、不信任以及仇恨,原本推行的闭关锁国政策,因为欧洲殖民者的种种恶行而变得更加严苛,东西方正常的贸易往来因此受到严重的阻碍。西方国家觊觎东方国家巨大的财富,不满于规模有限的贸易,很快,很快,西方国家在工业化后回到东方,用坚船利炮来敲开这些国家的大门。

第二节　观海园里的"西班牙船长"墓

一、鼓浪屿上的"番仔墓"

殖民时代早期来到中国的西方人,只在长眠之地的墓碑上留下屈指可数的记录。鼓浪屿上曾有大片的"番仔墓",相当一部分是这个时期留下的。鸦片战争之后来到鼓浪屿的西方人注意到这些墓葬,1878 年英国人赫伯特·艾伦·翟理斯所著的《鼓浪屿简史》一书中就记录了其中一些墓葬的情况。

> 鼓浪屿东北部海边有一片混杂着一些古旧墓碑的外国人葬地,有些碑石确因年代和天气的原因而字迹全都模糊,难以卒读。以下几篇铭文是从紧靠着孟逊医生公馆那里被找到的:
>
> "兹长眠着成功号前指挥官史狄芬·巴克上尉的遗体。亡故于 1700 年 10 月 18日。享年 49 岁。"
>
> "兹长眠着特朗布尔号指挥官亨利·道菲尔德之子约翰·道菲尔德的遗体。亡故于 1698 年 9 月 6 日。"
>
> "庞嘉锡兰的多明戈和其他两个菲律宾的印度人之墓。亡故于 1759 年 10 月某日。"

另一位英国人塞舌尔·保罗在其所著《厦门》中也有相关记载:

> 有关早期的贸易,厦门当地没有记录,唯一的证据保存在鼓浪屿那些述及埋在岛上的外国水手的墓碑上。这些坟墓位于鼓浪屿东北边的一个角落,因某种原因,它们历经两个世纪而未受毁坏……英国商馆的所在地不明,甚至也没有什么传说。

现在鼓浪屿音乐厅原址上,曾经有过一大片外国人的墓地,可惜的是,在 1957 年群众的反英游行中,这片墓地遭到彻底的破坏,未留下任何遗迹遗物,也没有任何文字资料留存。

二、西班牙船长墓的发掘

西班牙船长墓位于鼓浪屿田尾路观海园南部,一处朝向大海的山坡上,北面约 100 米是毓德女校旧址,东面约 500 米是菽庄花园,东南约 200 米是印斗石,西北面是福音堂。墓葬原址已被扰动过,地面不见墓葬痕迹,墓碑也被移至他处。该墓葬的碑文及墓主生平仍需进一步考证。

图5-9 安放回原址的船长墓

(一)发掘过程

根据鼓浪屿管委会提供的资料和知情人的指引,我们确定墓葬原址所在的区域,布设5×5米探方一个,编号为2011G—CZMT1,为使探方能够涵盖整个墓葬范围,布方时以东北—西南向为正方向。中心地理坐标为北纬24°26′29.81″,东经118°04′07.38″。

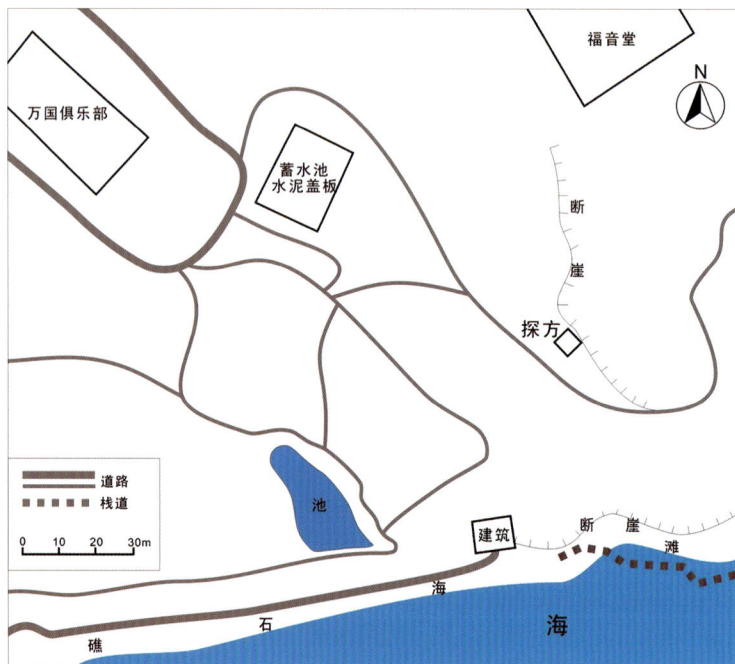

图5-10 西班牙船长墓探方位置图

本次发掘,按照田野考古规程要求,自上而下逐层清理。发掘面积25平方米,发掘深度 0.4~0.5米。

图5-11　西班牙船长墓发掘现场

(二)地层堆积

探方内地层堆积较简单,可分为三层:

第①层,灰褐色土,土质疏松,厚约0.1~0.15米,包含物主要以植物根系为主。

第②层,黄褐色土,土质较软,厚约0.12~0.2米,包含物为少量石块。

第③层,红褐色土,土质稍硬,厚约0.18~0.16米,基本无包含物。

第③层以下为生土。

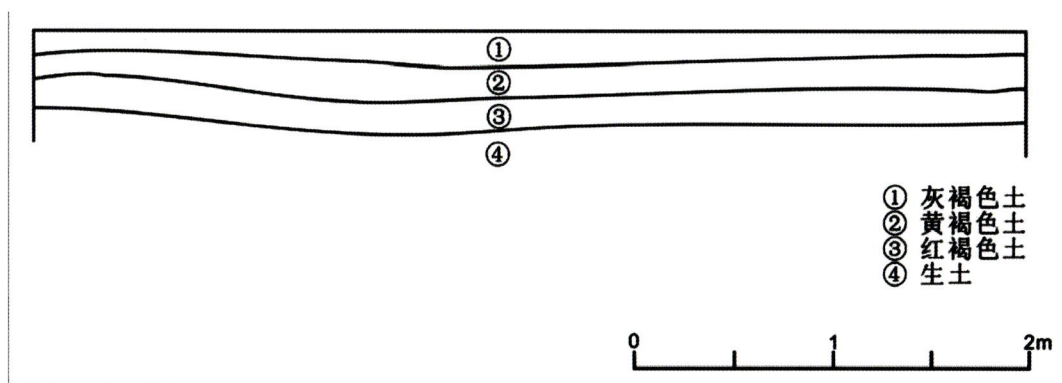

① 灰褐色土
② 黄褐色土
③ 红褐色土
④ 生土

0　　　1　　　2m

图5-12　西班牙船长墓探方西北壁剖面图

（三）主要收获

本次发掘过程中,未见任何与墓葬相关的遗迹。现存与墓葬有关的物品,只有墓葬石牌盖,存于观海园中心大楼门外,根据其碑文可知,墓葬修建于乾隆二十四年（1759）。碑盖保存完好,花岗岩质,长 2.4,宽 0.98,厚 0.2 米。碑盖上部正中凿开一个边长 0.25 米的方孔,用于树十字架,十字架亦为花岗岩质,通高约 1.19 米,通宽 0.78 米,厚 0.2 ~ 0.23 米,顶部阴刻带座十字架纹饰。碑盖中部刻拉丁文碑文,内容尚待考证。由于墓葬已无其他实物材料可供研究,石碑盖已成为研究该墓葬的唯一实物资料,具有重要的研究价值。

图 5-13　西班牙船长墓墓碑（由北向南）

图 5-14　西班牙船长墓墓碑铭文（由北向南）

图 5-15　西班牙船长墓墓碑十字架（由北向南）

图 5-16　西班牙船长墓墓碑十字架纹饰

（四）结果与讨论

根据鼓浪屿管委会提供的资料,西班牙船长墓原址位于观海园南部临海的山坡上,20 世纪 90 年代,观海园度假村有限公司整修院内环境时发现,将墓葬石碑盖移至他处保存,之后在原址上平整土地,种植草坪。当时未见有关墓葬的报道,也无相关资料公布,本次发掘过程中,探方内也未出土任何相关的遗迹遗物。

由于西方葬俗深受基督教文化影响,崇尚灵魂升华而轻视肉体,提倡简丧薄葬。天主教徒的墓葬,基本没有可长期保存的或在普遍意义上具有较高价值的陪葬品,不论墓坑深浅,地面都不封土,只有相对简洁的墓碑和十字架。本次发掘的位置,位于整修之后的阶梯状山坡平地上,而这一阶梯状地形是在挖平至少4米厚的山坡之后形成的,我们推测墓葬本体已在整修环境时被破坏殆尽。墓葬中没有出土比较重要、比较引人注意的随葬物品,所以在当时并未引起重视,以致现在除了墓碑之外,已找不到其他线索来考证该墓葬墓主身份及其生平。

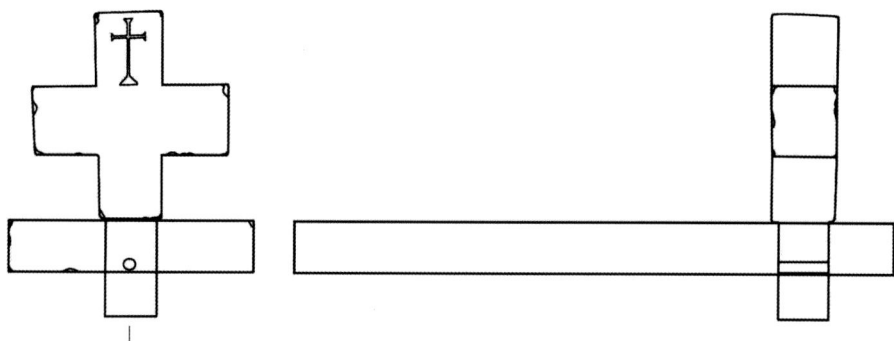

图5-17　西班牙船长墓墓碑十字架纹饰

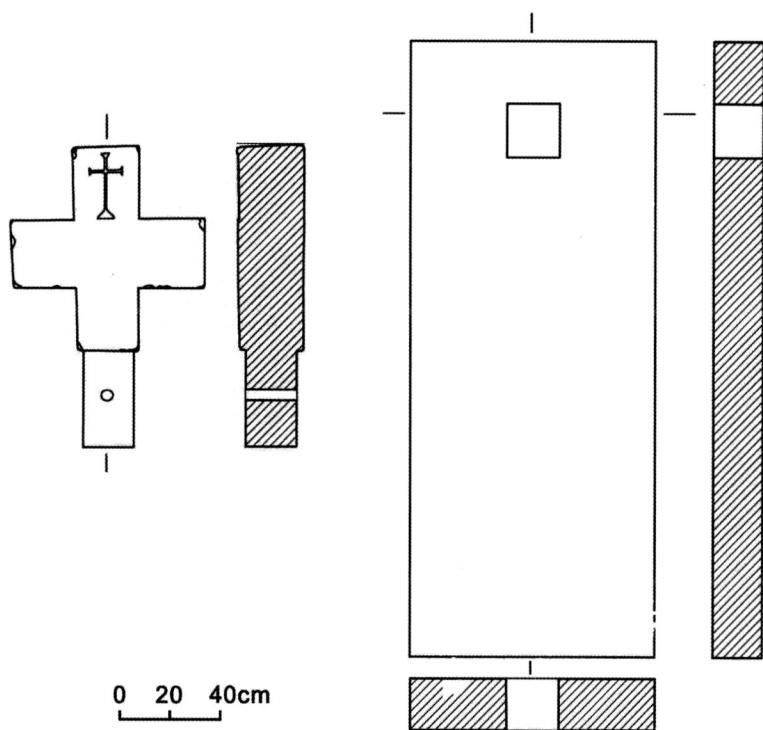

图5-18　西班牙船长墓墓碑及十字架平、剖视图

第六章　鼓浪屿工部局

鼓浪屿工部局正式成立于清光绪二十九年(1903)一月,其形成则持续了半个多世纪,几乎可以看作我国半殖民地半封建社会进程的缩影。至民国三十年(1941)日军占领鼓浪屿为止的三十八年之间,工部局事实上行使了中国政府在鼓浪屿的一切统治权,工部局的设立,使鼓浪屿俨然成为国中之国。

图6-1　鼓浪屿公共租界

对于当时鼓浪屿的地位界定和称呼,学界一直有所争论。习惯上称为"公共租界",有些学者则认为应当称为"公共地界"。后者的理由主要是两点:

第一,当时鼓浪屿的管理模式与其他地区纯粹意义上的"租界"有所不同。在其他地区,租界所在地的清朝政府地方当局不能参与租界内的任何管理事务;而在鼓浪屿,清政府的地方当局也是管理方。

第二,当时签订的条约为"厦门鼓浪屿公共地界章程",也强调"公共地界",这个定位是当时清政府和列强都认可的。

另外,鼓浪屿工部局的地界界石与同一时期其他地方租界的界石也有所不同。

租界界石,就是在租借的边界所树立的标志物,界石通常是铁质的。有的界石很大,文字很多,如,上海法租界的界石上面有中法两种文字,意思相同,中文文字是:"此界石系由法总领事甘,会同中华民国外交部特派江苏交涉员兼沪海道道尹杨,按照民国三年七月十日所出告示内载明四址,限同定立。"有的界石较小,文字也简单,美国租界的界石只有"美国租界""分界处"七个字。

地界界石,或称地界界石。外国人想要租地,先与土地业主商谈,价格谈妥后,到领事馆登记。租主按规定在土地周边设立界石,以防止土地纠纷和税收方面发生问题,这种界石就是租地界石。由于清政府和官员的无能或无奈,外国人租地并不局限在租界内,在租界外租地是很常见的。

鼓浪屿曾发现多块界石,与其他租界的界石不同,鼓浪屿的界石是石质的,现存于厦门市博物馆内的一块界石,一面的顶部刻有英文字母"K. M. C.",即"KULANGSU MUNICIPAL-COUNCIL"(鼓浪屿市政管理委员会)的缩写,字母下方刻竖排"工部局界"四字。工部局界石的材质和内容,在某种意义上也反映了"公共地界"与"租界"之间的微妙差别。

图 6-2　厦门市博物馆收藏的一块鼓浪屿工部局界石

在本书中,我们仍然使用传统的"公共租界"一词,主要是为了避免读者对"公共地界"一词作出表面化的解读。

第一节　鼓浪屿一步步沦为公共租界

一、第一次鸦片战争：开埠与占据

道光二十年（1840）三月，英国政府发动侵略中国的第一次鸦片战争，派遣一支包括48艘舰船，约4 000名陆军士兵的部队前往中国。同年六月，以三艘三级战列舰"威里士厘"号、"麦尔威厘"号和"伯兰汉"号为首的英国舰队封锁广州，随后以少量军舰保持对广州的封锁，舰队主力继续北上，在中国东南沿海发动战事，七月，英军攻陷定海，随后封锁厦门，由于厦门防备较严密，英军中疫病流行，且清政府已罢免林则徐，派出耆英和琦善与英方进行谈判，英国舰队退回设置在香港的占领区。

图6-3　英侵华全权代表璞鼎查

道光二十一年（1841）年初，中英谈判破裂，清政府对英宣战，战事重起，5月26日，在攻破广州外围所有清军抵抗据点之后，英军对广州发动总攻，知府余保纯出城乞降，英军提出停战条件，其中包括缴纳所谓的"赎城费"白银600万元。27日，余保纯按照英方要求在《广州停战协定》上签字，其后英国陆军进入广州内陆烧杀劫掠，遭到三元里等103乡群众围攻，按国内通行说法，此战共毙伤英军少校军需毕霞（Beecher，一译比彻）以下近50人，生俘10余人（一说歼敌200余人）。而据卧乌古报告，为战死5人，受伤23人，毕霞系"疲劳过度而死"（另一说法死7人，伤42人）。后由清朝官员解围，退回海上。

道光二十一年（1841）八月，英国舰队在英国女王全权大臣璞鼎查爵士、舰队司令巴加爵士、陆军司令郭富爵士率领下进犯厦门。舰队包括两艘三级战列舰"麦尔威厘"号和"伯兰汉"号,8 艘较小的护卫舰只,战舰上共载炮 310 门;28 艘辅助、补给、运输船,运载英国陆军第 18 团和 55 团全部及第 26 团和第 49 团各一部,总计约 3 500 人。

图 6-4 进犯厦门海面的英舰

英国舰队于 25 日进入厦门海域,此时驻防厦门的清军部队已经严阵以待。开战前英军观察到的防御工事如下:位于西南的长列炮台有 1 100～1 200 码长,安置着 96 门重炮;它的西面还有一座安置 42 门重炮的炮台;鼓浪屿岛上,也有好几座坚固的炮台,一共有 70 余门火炮,"长列炮台的墙壁是一项出色的工程,从海上看它像是一堵前面有沙堡的城墙。其实它是一座具有相当高度的又坚固又厚重的墙垣,只是炮眼又小又低,防御工事在炮眼和另一个与墙垣同样高的厚厚的土堡之间,每个炮眼上也覆盖着泥土以防碎石片的打击"。实际上,清军在厦门集结了大批官兵,还有大量火炮、战船和作战物资,战后英军发现了 20 余艘战船,工事里的和舰载的火炮"不下 500 门"。

图 6-5　英舰复仇女神号

26 日,英军对厦门守军劝降未果,于下午 1 时开始进攻,英舰"皇后"号、"西索斯提斯"号和"班廷克"号从东端驶近长列炮台开始炮击,遭到清军炮台还击,其余英舰随后加入炮击,但始终不能完全压制厦门炮台的炮火。有记载显示,在 4 小时的炮击中,仅两艘战列舰就各自发射了 12 000 发以上的炮弹,但对炮台的防御工事几乎没有影响,"停止炮击时,这些炮台却和开始炮击时一样完好无缺"。对清军造成的伤亡,"总共也不超过二三十人"。下午快 3 点的时候,英国陆军第 18 团登陆成功并攻进炮台,炮台失守。翌日,英军占领厦门城,之后的数日,英军都在有计划地捣毁炮台和其他防御工事。所有掠夺到的物资,或搬走,或销毁。

图 6-6　英军炮舰小猎犬号

图 6-7　英舰攻占厦门图

9 月 5 日，英国舰队按照命令离开厦门，北上浙江舟山，只留下战舰"都鲁壹"号、"卑拉底士"号、"阿尔吉林"号、三艘运输舰以及约 550 人（一说 500 人）的占领部队，这支部队由英国陆军少校考珀担任指挥官，驻扎在鼓浪屿上。

英国占领军并未占据厦门岛，而选择鼓浪屿为驻扎地，原因有二：

一、在英国人眼中，鼓浪屿"完全可以控制厦门城区"，也可以有效控制厦门附近海上航线。由于鼓浪屿整个东北面朝向厦门岛和厦门港区，鼓浪屿和厦门岛之间的距离最大不过 700 米，处于英军火炮有效射程内，驻扎在鼓浪屿的英军火炮可以随时封锁厦门港；西南面是九龙江（又称漳州河）江口，两者之间最大距离 3 000 米，处于英军火炮最大射程内，只靠鼓浪屿上的英军火炮就基本可以控制九龙江口航线，三艘英国战舰更能够加强这些封锁的严密性。

二、鼓浪屿面积较小，横纵都不超过 2 000 米，在英国舰炮有效射程内，岛上英军随时可以得到海军舰炮支援；人口很少，据当时英国人估计，鼓浪屿上人口不超过 3 000 人，难以对 500 人的英军部队形成有效威胁；且岛上有坚固的防御工事，相对于厦门岛，是"易于防守的"。很明显，三元里人民的抵抗运动，使英军不敢随意将小规模部队安置在人口密集且得不到海军舰炮火力支援的区域里。

道光二十二年（1842）8 月 29 日，清政府被迫与英国签订中国近代史上第一个不平等条约——《南京条约》，除割地赔款外，还开放广州、厦门、福州、宁波、上海五处通商口岸，道光二十三年（1843）7 月和 10 月，又先后签订《五口通商章程：海关税则》和《五口通商附粘善后条款》，允许英国人在通商口岸租赁土地及房屋。美国、法国随之也接踵而至，同年，美国总统泰勒派全权大使乘军舰到广州，清政府已成惊弓之鸟，于道光二十四年（1844）被迫签订《望厦条约》。还是这一年,法国军舰开到广州海面示威,宣称将北上攻击舟山群岛,被战争吓破胆的清政府又不得不同法国签订《黄埔条约》。道光二十五年（1845）起,葡萄牙、西班牙、比利时、普鲁士（德国）、奥匈帝国、意大利、荷兰、丹麦、瑞典等等,如柏杨在《中国人史纲》艺术中形象地说,"一些中国曾经听说过,或从没有听说过的弹丸小国,在过去就是前来进贡也不够资格的,现在排队而来",他们一一和中国签订了条约,这些条约的签订,让各国享有和中英国人一样享有特权,中美《望厦条约》和中法《黄埔条约》则使外国人取得领事裁判权和传教、设立医院等权利。此后列强以这一系列不平等条约为凭据,伺机在通商口岸开辟租界,扩张在华势力。

图6-8　五口通商后的厦门

道光二十三年（1843）11月,厦门正式开埠。英国在厦门设立领事,除正副领事外,还包括翻译员、医生等工作人员。基督教的传教士来得早一些,文惠廉牧师夫妇在道光二十二年（1842）就已抵达厦门,道光二十四年（1844）前后,牧师罗啻、波罗满、施亚历山大和施约翰等人到达厦门。英国领事官员和传教人员最初都住在鼓浪屿的英军控制区内。

图 6-9　1900 年的英国领事馆

英国人柏纳德在《"复仇神"号轮船航行作战记》一书中说,当时来到鼓浪屿的英国人,几乎都会抱怨鼓浪屿的卫生状况奇差,"要比厦门还不利于健康",根据英军的记录,当时鼓浪屿上"大部分是不毛之地,但也有不干净的稻田穿插其间,使此地环境及不卫生;的确有一个时期,我们在这里驻扎的部队的死亡率是很可怕的,几乎没有一个军官不生过病,导致很多人的死亡"。受到这些记录的影响,鼓浪屿对 19 世纪 40 年代到来的外国人而言毫无吸引力。道光二十五年(1845)英军撤离鼓浪屿后,直到咸丰三年(1853),驻厦外国人才因为躲避小刀会起义才不得不集中居住在鼓浪屿上。

第一次鸦片战争,开启了中国成为半殖民地半封建社会的苦难之门,使鼓浪屿这个原本并不出名的小岛进入西方列强的视线,鼓浪屿迈出沦为国中之国的第一步。

二、鼓浪屿:外国人的居留地

第一次鸦片战争之后,西方列强涌入中国,延续了几千年自给自足的自然经济遭到极大冲击,一方面,中国沦为列强倾销商品的市场,传统手工业产品无法与机器大工业产品竞争,大量手工业者破产;另一方面,在封建地主不断的土地兼并和列强势力巧取豪夺的双重压迫下,大量农民失去土地,生活无以为继。为维持自身统治和支付巨额赔款,腐败无能的清政府巧立名目横征暴敛,使得国内矛盾日益激烈。闽南地区的破产农民和手工业者要么下南洋谋生,要么被当作"猪仔"拐卖到美洲、澳洲等地,留在国内的,不堪封建地主和资本主义列强的双重剥削和压迫,纷纷秘密结社对抗地主官僚。

道光三十年（1851），北方爆发捻军起义，起义历时18年，波及皖、鲁、豫、苏、陕等10个省区；南方洪秀全集两万余人在广西金田村正式宣布起义，建号太平天国，起义历时14年，波及广西、湖南、湖北、江苏、浙江、福建、广东、河南、陕西等18个省。在闽南地区，咸丰三年（1853）爆发了小刀会起义，起义军一度攻占厦门，控制闽南沿海各县。

咸丰三年（1853）5月，由于听说起义军将要进攻厦门，在厦外国人在洋行收货船的保护下涌入鼓浪屿"避难"，很快，他们发现居住在鼓浪屿上似乎更加安全、舒适，从此，来到厦门的外国人开始在鼓浪屿上定居，鼓浪屿逐渐成为闽南地区外国人的主要居住地。

咸丰六年（1856），英法两国为攫取更大的利益，发动第二次鸦片战争，咸丰十年（1860），清政府战败，被迫在《北京条约》上签字，列强开始在各通商口岸设立海关，开辟租界，通商口岸的管理权从此落入外国人手中，列强蜂拥而入，争夺、瓜分在华利益。

随着列强经济势力的不断涌入，各国纷纷派遣领事到通商口岸设立领事机构。同治元年（1862）之前，厦门只有英美两国领事，同治三年（1864）之后，先后有法国、荷兰、普鲁士（德国的前身）、瑞典、日本等十几个列强国家在鼓浪屿设立领事机构，有的国家还设立领事馆。

图 6-10　1900 年美国领事馆高耸的旗杆，现存的建筑翻建于 1930 年

图 6-11　德国领事馆

图 6-12　日本领事馆,建于 1897 年

领事、海关税务司人员、商人和宗教组织大量涌入厦门,他们不约而同地选择鼓浪屿作为居住地,在岛上占地建房。列强势力通过收买地方官吏、土豪劣绅及地痞流氓等,以强占、哄骗或者低价购买、租用的方式,圈占了鼓浪屿上居住条件最好的地段。根据英国人记载,咸丰九年(1859),美国领事海雅在鼓浪屿自建公馆,这是外国人在鼓浪屿上建造的第一座公馆,"从那时起,各式各样的建筑,包括大量宽敞而坚固的楼房,商人、传教士和官员们的私宅星罗棋布与这个岛上,商人们每天过海到厦门工作"。

外国人在鼓浪屿上安家落户,着手巩固到手的既得利益,处心积虑地攫取更多的权益,国力的虚弱和政府官员的腐败、庸懦使得列强毫无顾忌地绕开地方当局,自作主张地将鼓浪屿当作"住宅区"。外国人在岛上的生活设施一应俱全,除了豪华舒适的住宅外,还有基督教的教育机构、礼拜堂、医院、邮电局及电报营业所、"有阅览室和图书室的俱乐部"、旅社、药房以及可以"打网球、板球和曲棍球,纵情娱乐和锻炼保健"的娱乐场所。很明显,他们已经越来越习惯与把鼓浪屿看作自己的地盘。同治三年(1864)太平军残部南下漳州时,厦门和鼓浪屿的外国人显得很紧张,"鼓浪屿和租界夜间都有志愿者和雇来的巡丁在巡逻,海关职员组成了一支有25~30个人的小连队……还写信到香港要求援助"。他们的同胞们反应迅速,增援的舰船和部队很快就进驻鼓浪屿。这已经不仅仅是在中国土地上耀武扬威,恐怕在这些英国人心目中,鼓浪屿已经和他们自己国家的领土没有什么实质上的区别,只是他们在考虑了可能付出的政治和经济成本之后,未公开宣扬这一想法罢了。

图6-13 1880年的鼓浪屿,一批刚落成的花园洋房把鼓浪屿装扮得像欧洲小镇

三、"工务局"：德国的野心和英德第一次谋划公共租界未果

英国人不遗余力地维护自己在鼓浪屿的特权,19世纪70年代新兴的国家——德国和日本则积极地加入争夺鼓浪屿的行列,把鼓浪屿向着成为公共租界的道路上又狠狠地推了一把。

同治二年（1863）,德国的前身普鲁士就曾派遣军舰"羚羊"号到厦门一带搜集情报。同治九年（1870）,普鲁士首相俾斯麦要求驻华公使李福斯与中国政府就"在中国海岸中心地点或在与该海岸附近的岛上"设立海军站的问题进行谈判,他着重指出"厦门的鼓浪屿……是特别适宜于建立海军仓库的地点"。同年,普鲁士军舰"亥尔塔"号抵达中国,其主要使命就是在中国沿海获得海军据点。在中国期间,该舰曾到鼓浪屿周围收集情报并进行非法测量。同治十年（1871）初,普鲁士统一德意志诸邦,建立德意志第二帝国。统一后的德国工商业蓬勃发展,国力迅速膨胀,开始在全球范围内积极扩展经济、政治势力。德国在远东地区的势力和权益日益增强,迫切需要在东亚,特别是在中国,寻求一块永久性殖民地,保护其在华的既得利益,扩大其在华的势力和影响。从德国皇帝到德国普通海军军官,都直言不讳地表达过在中国沿海夺取殖民地的意图,在他们列出的名单中,鼓浪屿是提及次数最多的地点之一。

在西方的新兴列强图谋夺取鼓浪屿时,通过明治维新走上资本主义道路的日本小心翼翼地迈出对外扩张的步伐,它企图通过缔结商业条约,参照西方列强的"成例",取得与列强同等的特权。严格来说,当时的日本还没有资格被称作"列强",即便是在清政府眼中,它也不过是"蕞尔小国",但是日本人给清政府制造了一个假象,使无能的清政府误以为日本人得到西方列强的支持,不明就里的清政府不得不与日本谈判,议定修好条规。光绪元年（1875）四月,日本向厦门派驻兼管福州、淡水、台南的领事,把侵略的矛头指向厦鼓、台湾。

日本的举动很快引起西方列强的注意和警觉。光绪三年（1877）,英德两国通过谈判,相互勾结起来共同谋求在鼓浪屿设置"公共租界"。这一年的七月,英德两国驻厦领事联合给兴泉永道台司徒绪一份照会,要求设立"工务局",同时抄送擅自拟定的10条章程,准备着手管理鼓浪屿。第二年夏,英德又以"辑匪"之名再次向兴泉永道台提出申请,闽浙总督何璟看出这是"外国人企图阳袭上海工部局之名而阴收包占鼓浪屿之实"。清政府在收到何璟报告之后,权衡再三,对英、德两国的无理要求既不敢拒绝,也不敢同意。两国设立"工务局","包占鼓浪屿"的企图暂时无法得逞。

小小的挫折自然无法阻止列强强占鼓浪屿的野心。英国驻厦领事多次照会清政府地方当局,要求在鼓浪屿修整道路、开水沟、立路灯,英领以岛上洋人产业远多于华人为理由,提

出设捐筹款的章程,强调使用捐款必须经由外国人商议,言下之意就是鼓浪屿的市政管理权以及财务权只能由外国人掌握,相关的决定若不经过外国人同意,就是无效的。列强已经向清政府地方当局索取鼓浪屿的管理权了。光绪十二年(1886),列强势力抛开清政府地方当局,擅自组织"鼓浪屿道路墓地基金委员会"(简称"道路委员会"),成员全由欧美人组成,由英国驻厦领事佛礼赐牵头,成员有英国伦敦差会传教士麦高温、厦门海关税务司柏卓安、大北电报局经理苏恩逊、厦门海关船舶检查官安迪生、厦门港口医生雷力泽,名誉秘书为德记洋行大班勿汝士。这个"委员会"非法向鼓浪屿岛上居民"筹款",有相关文史资料记录了筹款名目及额度:人头税每人每年 5 元,人力车每辆每年 5 元,马每匹每年 10 元,其他车辆每辆每年 10 元,坟地每块 15 元。

后来,列强势力不满于"道路委员会"只能"老老实实"地从事市政管理等事务,千方百计策划划分租界。光绪二十三年(1897)夏天,居住在鼓浪屿的外国人拟就一份《鼓浪屿市政事务改善计划》,提交北京(公使团)批准。此时列强国家忙于争夺、瓜分在华权益,各国矛盾有所激化,这个提案未得到公使团的支持,最终不了了之。

外国人抱怨这个委员会"没有实权来采纳或执行任何律例",也没有足够的经费来"把有关道路的事做好"。而在 1901 年年底,时任厦门海关税务司习辛盛在其撰写的《海关十年报告(1892—1901)》中公开宣称:负责管理鼓浪屿的中国官员以及建立的警察力量,因为既无权管理外国人,又无能力管理与外国人有关系的当地中国人,实际丧失了在辖区内的执法权力,"已经蜕化成一支毫无作用也毫无影响的队伍"。

没有执法权,没有管理权,"筹款"所得的款项太少,不足以支持委员会行使"职责",负责本区域治安的警察力量毫无作用。列强居民们不停地抱怨,直到他们把鼓浪屿完全变成公共租界。

当然,列强对现有权益的不满不仅仅停留在抱怨上,他们或者等待时机,或者创造机会,以实现完全占据鼓浪屿的野心。

四、两次讹诈:日本人"推动"公共租界的成立

在 19 世纪后半叶,资本主义列强已经完成对全世界殖民地的瓜分,在远东地区,中国成为列强眼中唯一尚待瓜分的富饶之地。甲午战争,中国惨败于日本,已经很低的国际声望再次一落千丈,西方列强看清了清政府的虚弱和无能,开始明目张胆地争夺在华利益。日本是新兴的列强国家,但眼红于老牌列强在中国取得的利益,甲午战争的胜利又使其信心爆棚,无所顾忌地计划着攫取更多的在华利益。日本野心勃勃的计划不仅遭到中国人民的抵抗,还受到欧美列强的干预,不但未完全达到目的,还在无意间给欧美列强瓜分中国制造了机会和借口。在厦门,日本人的两次行动就让欧美列强得到炮制鼓浪屿公共租界的"良机"。

（一）厦门虎头山租界事件

光绪二十年（1894）甲午战争以后，日本根据《马关条约》割占我国的台湾、澎湖，把侵略的矛头指向福建，厦门首当其冲。光绪二十二年（1896），清政府为换取对日本机器制造的货物酌量征税饷的权利，允许日本在上海、天津、厦门、汉口等地设置专管租界。光绪二十三年（1897），日本署理公使内田康哉照会清政府，提出要在面对嵩屿的鼓浪屿西北部沿海地带10万坪（日本使用的面积单位，一坪约3.3 058平方米）范围内以及厦门岛西南部虎头山一带12万坪范围内设立日本专管租界。这一企图得逞，日本不仅占有鼓浪屿的三分之一和厦门岛西南沿海的大半部分，而且实际控制整个厦门港内港，虎头山—鼓浪屿控制了进入厦门港南水道和鹭江；鼓浪屿西北部把持了漳州九龙江入海口（进入内陆腹地）以及进入厦门港北水道的两条水上大动脉。

图6-14　从虎头山俯瞰厦门城区（1910年代）

日本的这一要求显示了日本独霸厦门的野心和企图，清政府接到照会后，对日本人的蛮横无理敢怒而不敢言，不得不借助列强，利用民情来和日本人周旋。总理衙门要求地方官员在与日本人交涉时须按四个原则办理：同意日本在厦门设立专管租界；尽量缩小厦门专管租界的范围；有关军事要地、水陆要冲地带，设法不予日本；设法利用外国人来阻止日本的贪婪野心。

闽浙总督根据总理衙门的指示，派出厦门海防同知张兆奎、绘图学生林兆燕，与厦门道周莲会同"逐细履勘"。他们将勘查结果汇报总理衙门。据《照抄总署复日本矢野使照会》

记载,光绪二十四年(1898)四月,总理衙门照会日本驻中国公使矢野文雄,称:"经电咨福州将军、闽浙总督酌核声复,旋准复称:'厦门地自逼窄,与津、沪、汉各口不同。三十年来,各国行栈,皆随宜租地,与民错处,向未划有专界。日本驻京大臣所拟立界之火仔垵至沙坡头一带,为商民聚集之所,其中约有铺户五六百家,居民房屋数千间;后面近山之地,新旧坟墓,鱼鳞叠葬,约有万首,并无余地。大屿、生屿,前面临海,后与海澄县内地接连,为往漳州大路,系漳州府海澄县所辖,并非厦门口岸。按之厦岛情形,实无可开租界之处。但两国文凭,业经订立在先,兹将再三详度,只南岸沙坡头之东,过水操台,名沙坡尾,长宽均约八十丈,居民坟墓尚不甚多;又西岸浮屿外,有海滩一片,地名海岸,并无居民坟墓,但须稍事填筑。此两处可酌租一处'等语。本衙门查厦门四面环海,各国通商多年,尚未有租界,实因地方狭隘,划分租界,诸多窒碍,确系实在情形。惟两国既立文凭,自应通融商办,应请贵大臣转饬领事官与厦门道和平相商,就福州将军、闽浙总督所指沙坡尾及海岸两处地方,指定一处,作为贵国专界,以期早日定议。至一切租界章程,亦由领事与厦门道妥为商酌,照各口定章办理可也。"此后,交涉事宜就由日本驻厦领事与厦门道直接交涉。不久,厦门道周莲调任福建按察使,新任道台又迟迟不任命,划定日本专管租界事因而拖延下来。

在《福州将军廉署督增牌示(10月初6日)》中提到,光绪二十五年(1899)1月24日,日本驻厦领事上野专一照会新任兴泉永道恽祖祁,要求在厦门划出"近沙坡头之海岸,沿海至瑞记洋行"一带和从鼓浪屿燕尾山起,"海面亦务从宽广,预备将来填筑至'五个牌'止"两处作为日本专管租界。前者4万坪;后者13万坪,以抵换前年提出的嵩屿和大屿内对鼓浪屿沿海10万坪。据《照复日本领事上野(12月17日)》等文献记载,恽祖祁对日本蛮横索要租地十分不满,于17日照复称:"应遵照总署咨行,妥商议办,必须与地方民情并无妨碍,方谓相宜。"总理衙门见日本人不相让,亦于20日来电告知恽祖祁:"该两处有英人之产,须查明划出,不得划在界内。"再次暗示恽祖祁利用列强利益矛盾遏制日本人的野心。

厦门是最早开放的通商口岸之一,欧美列强在此经营数十年,获得的利益不可忽视,在他们眼里,日本不过是崭露头角的"小兄弟","小兄弟"想来喝口汤,列强尚且不情不愿,又岂能容他抢了整锅肉去?不久之后,美国、英国等都得知日本要在厦门、鼓浪屿两处划专管租界之事,当即表示反对。据《美国巴领事照会(光绪二十五年正月二十九日)》、《照复美巴领事(正月三十日)》等文献记载,光绪二十五年(1899)3月10日,美国驻厦门领事照会恽祖祁,宣称:"如果厦门通商口岸内有专管租界答应他国,致与敝国应得之利益有碍,敝国均难允准……倘贵国计议可将鼓浪屿岛内日本未请之地作为美国租界,本领事自可禀由敝国朝廷核议。如未能照允敝国之请,而独允现时所议租界,则敝国不能视此举为和好与国所应办也。"恽祖祁见此照会暗喜,即于次日回照称:"日本仍照租地章程商办鼓浪屿议租海滩官地,原有向章。日本钦使商之总署,转电查询,亦将大略电复。"婉转地坚持中方立场,驳回日方的要求。

日本见西方列强起而反对,只得放弃原来计划,但又不愿租用中方提出的偏僻海滩,故坚持划虎头山一带4万坪土地为专管租界。5月20日,日本领事致函恽祖祁称:"独有虎头山草仔垵一隅,稍可经营。今单指虎头山原图界内,若民墓民居有尽可从长计议。"恽祖祁则以虎头山民众反对日本划定专管租界为由,认为虎头山上又有百姓祖坟,又有民居,划界对百姓生活造成的影响太大,百姓肯定是不会同意搬迁的。在恽祖祁坚持下,双方公函交涉多次,均各持己见,交涉没有结果。

在对日交涉过程中,清政府从上到下出现难得的一致。闽浙总督许应骙在《复英领事照会》中指出:"虎头山一带为各国轮船停泊、起下货物、通商之处,岸上城防街市稠密,山腰坟墓累累,有10余万之多,为全厦形胜之地。一经划出专界,不但有碍各国通商,且民心惶恐,必至滋生事端,应请日本领事地勿固执己见,与兴泉水道从长计议……"日本大使逼迫总署:"先须责办恽道怂恿英国领事及不肯出示安民两节。"总署应答:"英领事自言有碍,租界未定,如何出示? 当勘察时,老幼环求,税务司亦同亲见,实系民情不顺,恽道并非办理不善,断难责备。我们因其与领事意见不合,另外派员察勘,已属格外通融……如再牵连恽道之事,只可不办了。"日本大使又提出将恽祖祁调开,总署答道:"恽道事属为公……交涉事件不止一国,若因此一节调开关道,断无此办法。"

这件事至此已经无法就地解决,最后移送北京,由北京公使团同清廷总理各国事务衙门商议。英国公使坚决反对在鼓浪屿划地作日本专管租界。最终,日本放弃在鼓浪屿划定租界的计划,中方将厦门虎头山脚以北4万坪的土地划给日本作为租界。中日双方决定"另行派员察勘"。

光绪二十五年(1899)8月12日,闽浙总督派原厦门道台周莲前往厦门"会督厦门道厅与日本领事妥商划定租界。"周莲抵厦后,多次会见当地士绅商民,与厦防同知方祖荫再次上虎头山勘察,也认为山上坟墓数量太多,基本上没有空闲的土地,非要在此地划定租界,"实属有碍民情"。经双方多次商计,初步达成协议,将虎头山一处及该山坟墓均行剔出,以虎头山山脚及海滩共28 222坪作为日本租界,不足4万坪部分,日后补足。并商定8月23日到现场划界。划界当日,因当地群众阻止日本人划界而引发冲突,日本人仓皇退回船上。事后,厦门商民罢市抗议,洋人商务公所恐生民变,致函各国领事,反对强行划界。周莲遂以民情为由,同日本领事协商,将划界事拖延下来,协议终未签订。

同年9月,周莲与新任兴泉永道道台同日本领事签订《厦门日本专管租界续约章程六条》,12月21日又签订《厦门日本专管租界续约章程十二条》,将虎头山脚一带划为日本专管租界。此后,日本领事也曾向厦门道提出专管租界的丈量问题,但最终不了了之,虎头山山脚的日本专管租界始终只存在于纸面上。

在厦门虎头山租界事件中,英国驻厦领事胡力穑借反对日本在鼓浪屿划定专管租界的时机,公开提出开辟公共租界,他坚持厦门鼓浪屿各国通商,不能有租界,但为了预防"热病",鼓浪屿须由中国会同领事派员设立巡捕,征收捐费,清理街道。列强开辟公共租界的企图虽然因兴泉永道台恽祖祁的断然拒绝而再次遭到挫败,但它清楚地告诉人们,列强已经迫不亟待地要将鼓浪屿变成公共租界了。

(二)光绪二十六年(1900)"日本诳诈"事件

光绪二十六年(1900),我国北方爆发义和团运动,随后英、美、德、法、俄、日、意、奥等国以镇压义和团、保护教堂和使馆为借口,悍然发动侵华战争。同年8月,八国联军攻破北京城,慈禧太后及光绪皇帝西逃,中国北方地区陷入混乱之中。

义和团运动很快传播到闽南地区。7月,厦门城内出现义和团的布告,号召民众加入义和团,但"没人响应",局势也很平静,"没有发生过骚乱"。清政府厦门当局也增加守备兵力并提出:"为防万一事态发生以及防止人心骚乱……希望停止外国军舰进港。"

日本人在虎头山租界事件中没有实现独霸厦鼓的野心,一直暗中继续谋划,企图寻机强占厦鼓,上次事件中派来进行武力恫吓的日本军舰仍滞留厦门海域,等待日本政府的命令。

现在,机会来了,义和团布告在厦门城中出现后,社会上开始流传"义和团准备烧毁泉州及厦门的教堂及外国寺庙"之类的谣言,北京被攻占、慈禧和光绪西逃的消息传来,福建的混乱局面加剧,各地拳民纷纷烧毁、破坏基督教堂。日军认为时机到来,开始阴谋策划火毁厦门的东本愿寺分教堂,以此为借口,师出有名地攻占厦门。

在日军完成作战部署及占领准备之后,日本驻厦领事唆使日本僧侣于8月24日凌晨2时纵火焚烧厦门山仔顶日本人所建的东本愿寺。火灾发生后,日本驻厦门领事馆随即接到东本愿寺的布教使宫尾寮秀的报告,未经调查,立即发表声明,此事系中国义和团的"拳匪"所为,是针对日本的破坏行为,以此为借口派海军陆战队强行在厦门登陆。在厦门港内待命的日本战舰"和泉号"立即派遣陆战队登陆,之后,日军开进鼓浪屿,加强对日本领事馆的保护。26日,200余日本士兵和两门火炮开进厦门城,占据主要制高点并设立炮兵阵地。显然,日本人已经在执行武力强行占领厦门和鼓浪屿的计划了。

图6-15　侵厦日军的部分士兵

日军的行动很快就遭到中国方面的激烈抵制,厦门港要塞炮台的所有大炮皆脱去炮衣,炮口分别直指停泊在鹭江的日本军舰、鼓浪屿领事馆和虎头山上的日军炮兵阵地;因"东南互保"①而南下避战,停泊在厦门港的清军主力战舰"海筹"号和"海琛"号二艘防护巡洋舰和"玄凯号"军舰也升火起锚,炮口直指"高千穗"号、"和泉"号二艘日舰,战争一触即发。厦门道台延年一面致电福州汇报情况,一面调兵遣将准备迎敌,同时积极向英美法等国领事求援,让日军撤回军舰。

英、美等国家不满日本侵害它们的在华利益,执意企图一家独占厦鼓,便以日本单独出兵登陆厦门,违反了英美列强把义和团战争限定在华北的共同约定,指责日本严重违反列强共同签订的《福建互保章程》中的第四条"各口岸已有兵轮者,仍照常停泊,惟须约束水手人等,不可登岸"和第六条"各国兵轮不得靠近炮台停泊,水手不可在炮台附近练操",纷纷出面干涉。英美领事也致函日本驻厦门领事,要求日本从厦门撤军。日本政府仍心存侥幸,继续向厦门增派军舰和地面部队。

———————————

① 东南互保,指清朝末八国联军侵华期间,中国南方各省违背中央政府的命令,拒不同外国开战的事件。1900年6月21日,清政府以光绪的名义向英、美、法、德等十一国同时宣战后,刘坤一、张之洞、李鸿章和闽浙总督许应骙、四川总督奎俊、山东巡抚袁世凯和各参战国达成协议,称东南互保。"东南互保"的主要内容即规定上海租界归各国共同保护,长江及苏杭内地均归各省督抚保护;东南各地方政府不奉行宣战诏令,列强也不得在东南地区启衅。对这一事件的评价,学界褒贬意见尚存分歧。

图 6-16　胡里山炮台配备的克虏伯大炮

　　日本继续增兵的消息,立即引起英国的强烈反应。日本的进一步军事行动,使英国担心日本在华南坐大,进而威胁英国在其势力范围——长江流域的利益。于是,英国联合美、法两国公使,向日本提出抗议,要求日本为出兵厦门做出合理解释。同时,迅速派舰来厦进行干预。8 月 29 日,英国的"伊西思"号(一译"埃及女神号")巡洋舰运送 73 名英国海军官兵和一门火炮到厦门的英租界;美国、德国、沙皇俄国也开始调动军舰开赴厦门,准备以武力施压日本。日本的一意孤行和列强的威压使整个事件即将演变为日本和英美等欧美列强的军事冲突,双方剑拔弩张,气氛十分紧张。由于此时日本的实力在列强中仍属末席,更何况英、美两国还是日本最重要的财政支援国,日本政府无力也不敢同时与英美等列强交恶,权衡再三之后,日本不得不放弃武力独占厦鼓的计划,灰溜溜地撤走军队。日军撤离之后,列强国家的军队也纷纷撤离厦门。日本独霸厦鼓的阴谋,在中国人民的抵抗和列强势力的干预下再次遭到挫败。

　　义和团运动之后,列强意识到,由于中国人口众多,土地广袤,中国人民抵抗情绪高涨,强行瓜分中国十分困难,即便成功,也得不偿失,还可能被牵制于此,不如扶植傀儡政权。随着列强国家在华利益的不断扩大,它们之间的矛盾日益尖锐,清政府可以利用帝国主义列强之间的争斗,减轻甚至免于掠夺之苦,长期如此,将不利于列强在华势力的扩张。美国人提出的"门户开放"和"利益均沾"原则,因为既可以保证各国在华利益,又在一定程度上避免列强之间因在华利益发生冲突,在此时得到列强不同程度的认同。帝国主义在对华问题上暂时取得表面上的一致。在这种形势下,鼓浪屿将不可能成为专属一国的租界,但她无法逃脱沦为公共殖民地的命运。

五、"兼护"圈套:鼓浪屿最终成为公共租界

日本人两次独占厦鼓的企图,虽未得逞,却使清政府福建地方当局忧心忡忡,闽浙总督许应骙在《奏厦门鼓浪屿议作公地一体保护折》中说:"台湾外属之后,厦门地当冲要,民心极为浮动,镇抚维艰。"这时,有人别有用心地来"雪中送炭"了。

美国驻厦门领事巴詹声在取得其他领事的支持后,带着通译许文彬,到福州向许应骙献策,说如果把鼓浪屿开作各国公地,则"厦门均归一体保护"。许应骙听了未作他想,觉得这个想法"实于地方有裨,亦不至失自主之权"。

巴詹声曾于光绪二十六年(1900)帮助厦门地方当局成功平息胡里山炮台的官兵哗变。不仅募集到一万元帮助清政府补发欠饷,还亲自拜访哗变士兵,说服他们"继续报效朝廷"。巴领事因此得到清政府地方当局的感谢,据说当时打算让美国政府在鼓浪屿设立租借地。这个主张因为与其提出的门户开放政策冲突,被美国政府"婉言谢绝"。

许应骙听了巴詹声的"建议"后,随即"檄饬"洋务局"与巴领事面商定议,交兴泉永道延年与各国领事会商办理"。最初参加洽商章程条款的是兴泉永道延年、厦防同知张文治和洋务局委员杨荣忠,后来加派漳州府知府孙传衮和厦门税厘局提调郑煦作为委员,随同前派的三名委员,继续和各国领事酌议。期间巴詹声就因任满回国,再未参与此事,转由英国、日本等国驻厦领事接着讨论。光绪二十七年(1901)10月14日,在英国领事馆进行一次讨论具体细节的会议中,发生了争执,鼓浪屿应是"租界"还是"公共地界",中国人和外国人在其中的地位如何,两个问题一时成为争执的焦点。英国领事满思礼一口咬定是"租界",强调鼓浪屿既然要作为外国的租界,中国政府就无权干涉岛上的事务。许应骙的原意是,"公共地界"应包括中国人和外国人在内,中国且是东道主,更不应该被排斥在外而不过问岛上的事务。双方各不相让,最后由延年专电请示。

许应骙之所以对巴詹声的提议动心,主要是为了"兼护厦门",对于鼓浪屿是租界还是公地,竟毫不在意。因此,他的回电如下:"鼓浪屿或做公地,或作租界,均无不可。唯必须加入第15条款'兼护厦门'。以鼓浪屿做公地,各国官商均在界内居住。厦门为华洋行栈所在,商务尤重,应由中外各国一体保护,以杜东邻觊觎。如无此节,即作罢论。"接下来讨论的重点便集中在"土地章程"的条款上,各国领事断然宣称,"兼护厦门"一节,须请示各国驻京公使而后才能定案,其他各款均无异议。

在这个签字仪式上提出的"草案"文本共17条,有中、英文两种,标题各异。中文本题为"厦门鼓浪屿公共地界章程",英文本题为 Land Regulations for The Settlement of Kulangsu, Amoy(《厦门鼓浪屿租界土地章程》)。"settlement"是一个具有隐含意义的词汇,的确可以翻译为"居留地、定居点",但这个释义与普遍意义上的理解有所不同——带有"移民的"乃至"殖民的"色彩,至少可以这么说,当出现这个词的时候,往往意味着其中的居民大部分都是外来者,定居点所在的土地,之前属于别国或者是"无主地"。在实际使用中,"settlement"这个词表示的,基本上就是"租界"或者与之相近的意思。不过,既然闽浙总督不在意鼓浪屿是作公地还是租界,那么延年及其他委员也不会在这个问题上过多计较。但在总督大人关注的问题上,居然也出了岔子:中文本的第15条白纸黑字写着"鼓浪屿改作公地,各国官商均在界内居住,厦门为华洋行栈所在,商务尤重,应由中外各国一体互相保护",而英文本仅写入"侯驻京公使核定"。这个明显的差异与闽浙总督的指示相去甚远,延年不敢做主也不敢"作罢",他与洋务委员杨荣忠斟酌,杨荣忠将两种文本核对后,竟认为中、英文本表述没有差别。于是双方代表就此签字。

清政府参加签字的是兴泉永道道台延年,厦防分府张文治,厦门厘金委员郑煦,洋务委员杨荣忠。

列强驻厦领事参加签字的是日本领事兼领袖领事上野专一、英国领事满思礼、美国领事费思洛、德国代理领事古阿明、法国代理领事杜理芳、西班牙和丹麦的代理领事郁礼、荷兰领事兼瑞典和挪威副领事高士威。

许应骙接到兴泉永道延年禀告这份中、英文名称和内容不一致的《厦门鼓浪屿土地章程草案》签押后,遂于光绪二十八年(1902)3月3日给光绪皇帝上奏,为自己开脱责任,同时把"章程草案"的中文本呈送到外务部审核,日本领事兼领袖领事上野专一也把"草案"的英文本送交驻北京公使团转咨外务部核批。清政府外务部接到公使团的咨文,马上调阅闽浙总督交来的文本,发现其中有关"一体保护"的第15条,中、英文本相去甚远,当即电嘱查复。许应骙接电后,立即命令延年向各国驻厦领事质辩。但当时各国领事均已换人,只有上野专一还在任上。但上野对"草案第15条坚持依照英文本,不同意中文本的表述。延年不敢擅自主张,就电请许应骙咨请外务部与各国驻京公使协商。交涉之后,驻京公使团领衔公使美国使臣康格照会外务部,以租界只设立在鼓浪屿,各国领事除非接到本国命令,否则无权"兼护中国土地"为由,坚持"草案"第15条只能按英文本执行,同时还说中文本的表述"系属无用"。

外务部接到康格的照会,再次电令许应骙奏明办理。许应骙随即让延年和各国驻厦领事再行商议。美国驻厦领事兼领袖领事费思洛照复兴泉永道,说此事关系重大,须驻京公使团决定,现在公使团已经做出答复了,各国领事无权再做更改,仍然坚持草案第15条应以英文本为准。

　　许应骙根据延年的禀告,上奏清政府说:"鼓浪屿草约合同第十五条兼护厦门一节,各领事以此条洋文须候驻京各国公使核填。现在各使既称领事无权,则外间无从商办。惟华洋合同未便两歧,请饬外部与各国公使仍照华文填写,或即以华文为凭。此项草约本已声明必须候朝廷批准,方能遵行。倘各使不允,尽可将前约作废。"许应骙现在反应过来了,"兼护厦门"一说,不过是个诱饵,各国真正的目的,只是在鼓浪屿设立公共租界。许督被这群洋鬼子耍了,一怒之下,便要求"草案"第 15 条按中文本填写,或者干脆就只以中文本为依据。反正"草案"须朝廷批准才能生效,如果各国领事仍坚持己见,那就废除之前的"草案"。

　　庆亲王奕劻等看过许应骙的奏章后,又加上了一段话,大意是,将鼓浪屿划为公共租界,将厦门至于租界的保护之下,由中外各国一体兼护,以断绝某些国家对此地的觊觎,原本没有问题。不过厦门是中国领土,外国人不应过多干预,强求各国保护,反而失了自主之权。如果各国不同意兼护厦门,就要废止所有条款,会得罪外国人。现在北京公使团都说该条款无用,原订英文章程又未载明。所以干脆删除原订中文章程第十五款保护厦门一节。其余16 款双方都没有异议,是可以批准的。

　　于是,光绪二十八年（1902）11 月 21 日,《厦门鼓浪屿公共地界章程》经光绪皇帝御批,即日起开始生效。鼓浪屿在被列强非法占据近半个世纪之后,终因请政府的无能和软弱,彻底沦为帝国主义列强的公共租界。

第二节　《厦门鼓浪屿公共地界章程》与《鼓浪屿工部局律例》

　　经批准施行的《厦门鼓浪屿公共地界章程》总共十六条:(1)公地界限,(2)常年公会,(3)特会,(4)界内工部总局,(5)局员权分所能为之事,(6)局中员役,(7)追欠,(8)控告公局,(9)租地,(10)公业归由公局掌管,(11)地租,(12)会审公堂,(13)无票拘人,(14)引渡罪犯,(15)违章罚款,(16)修正《章程》之手续。内容涉及土地（第 1, 9, 11 条）、行政机构组织（第 2~7 条）、市政管理（第 10 条）和司法（第 8, 12~15 条）等各方面。

　　土地方面,承认鼓浪屿系"中国皇帝土地",规定外国人租转地基要向中国政府和本国领事报备,但同时规定"所有地丁钱粮及海滩地租"由中国地方政府征收后交工部局,之后新添海滩地租则归中方。事实上,鼓浪屿上大部分土地的所有权已在几十年的巧取豪夺中落入外国人的手中。另外,按照惯例,除少量无偿占有的土地外,外国人在永租或购买租借土地时须当即付清土地的租价或地价;除少量公共用地外,每年还须为永租或购买的土地交纳年租和地税。鼓浪屿不仅不向外国人收取任何租金,还要每年把地租交给外国人。即使是在那样的年代,这也是让人难以接受的。

图 6-17　鼓浪屿租界工部局界碑

　　行政机构组织方面，每年召开"常年会议"一次，遇到重大或紧急事件时，可召开特会，"常会"和"特会"都由"领袖领事"主会；外国人在鼓浪屿有相当资产且每年完捐规定额度者，就有选举权，经济条件更优越者可以参选工部局董事；工部局华董只能由清政府厦门地方当局指派，章程有明文规定"凡中国人生长他国及入他国籍而为他国人者，均不得混入"。《章程》明确将中国人排除在外，地方当局指派的华董，既不能左右外国人的政策，又得不到本国政府有力的支持，基本上只是摆设。

　　市政管理方面，规定马路、码头、墓亭等"公业"由公局掌管，新建此类项目时需要再行征地，"由公局与业户议价购置"，如遇纠纷，则由领事公堂秉公裁定；华洋商民产业价值"悉听业主自便"；修筑道路码头必须得到工部局的批准。

　　司法方面,明言"公局可以告人,亦可被人控告"。设立领事公堂和会审公堂,前者由各国领事派定,专事处理"控告公局"事务及外国人之间的纠纷,中国政府无权过问;后者"由厦门道概总办福建全省洋务总局札委",处理中国人的诉讼案件,若"案涉洋人",则必须与外国领事会同审问。《章程》中与司法相关的规定,看似民主公正,事实上,《章程》维护的是各国在鼓浪屿公共租界的领事裁判权,干扰了中国在自己的国土上行使司法权力,严重侵害了中国的司法主权,也使得列强势力在公共租界内更加肆无忌惮,任意胡为。

图 6-18　会审公堂

　　《章程》实施之后,列强的"领事团"取代清政府的地方政府,成为鼓浪屿上的最高权力机构。领事团由各国驻厦门领事共同组织,它是工部局董事会的上级机关,直接向各国驻北京公使团负责。列强在"公共租界"中推行的殖民统治政策,都由领事团制订并监督执行,其具体职权有:审核工部局前一年度收支账目,推选该年工部局董事,讨论有关工部局的各项事务。此外,根据《章程》,洋人纳税者常年会或特别会议所通过的任何决议案,都须送请领事团核批,非得领事团的多数通过,不得执行;工部局制定或修改《律例》,须送请领事团核批;领事团每年须成立领事法庭,作为受理工部局或该局秘书被人控告的机关。

　　领事团设主席一人,即《章程》里面所谓的"领袖领事官",通常值年领袖领事应由来厦任职较早的领事担任。其具体职权有:召集并主持洋人纳税者常年会和特别会议;中国政府

（厦门海防厅）引渡逃到鼓浪屿岛内的刑事"犯事人"，须经领袖领事官签字，方可执行；所有工部局重要事务应由领袖领事出面行文或接洽。

上述可见，领事团和领袖领事并不直接干预公共租界的日常行政事务，但鼓浪屿公共租界重大事务的决策和政策调整必须经由领事团或领袖领事同意。因此，领事团和领袖领事是鼓浪屿上职权最大的团体和个人。

历届领袖领事一览表

任期	外文名	译音名	国籍	备注
1902 – 1906	S. Uyeno	上野专一	日本	
1907 – 1914	C. Merz	梅泽	德国	
1915 – 1916	C. K. lkutschi	菊池义郎	日本	
1917	H. A. Iittee	李达礼	英国	
1918 – 1920	C. E. gauss	高思	美国	抗战期间， 任美国驻重庆大使
1921 –	B. G. Jours	窦尔慈	英国	
1922 – 1924	A. E. Corleton	凯尔腾	美国	
1925 – 1926	W. M. Hewlett	许立德	英国	
1927 – 1928				
1929 – 1934	F. Roy	花嫩芬	法国	
1935	T. Jsukamsto	塚本毅	日本	
1936	A. J. mortin	马尔定	英国	代理总领事
1937	Y. yamadta	山田芳太郎	日本	同上
1938	F. A. wallis	万乐思	英国	
1939 – 1940	S. uehida	内田五郎	日本	总领事

厦门市政治协商会议厦门市委员会与文史资料研究委员会合编：《厦门的租界》，鹭江出版社1990年版，第93页

在签订《厦门鼓浪屿公共地界章程》的同时，还签订了《鼓浪屿工部局律例》，系鼓浪屿公共租界市政管理的具体细则，从工程建设到喝酒猜拳，无所不包。《律例》的另一个主要内容就是罗列各种名目的牌照费、租税和罚款，这是帝国主义列强压榨和掠夺中国人民财富的主要手段。《律例》的相关情况将在后面详细地介绍。

《章程》和《律例》就像两道枷锁牢牢地套在鼓浪屿人民的头上，从政治、经济、日常生活的方方面面保证列强对鼓浪屿的占据和统治，为列强盘剥和压制这片土地上的人民提供了便利。

1936年，为了进一步强化、巩固殖民统治，控制和防范"罪犯和地下活动分子"，工部局董事会重新通过《鼓浪屿公共地界保甲条例》，把岛上居住的中国人分为10个联保，设联保主任，其下有保长、甲长，这些无薪职位都由工部局委派。因其实施时间较短，此不赘述。

厦门鼓浪屿公共地界章程

兹因中国将鼓浪屿作为公共地界,内有应添筑修理新旧码头、道路、设立路灯、需水通沟,设立巡捕,创立卫生章程,酌给公局延请办事上下各项员役之薪工及设法抽收款项,作为以上所用各项之公费,谨拟章程于左,呈候中国外部大臣与有约各国驻京大臣商妥,奏请中国朝廷批准,谕旨遵行。

(一)公地界限

公地之内,现定章程,各应遵守。地方系鼓浪屿一岛,围环潮落之处算出十丈,酌拟一无形之线周围为界。此岛系在厦门西南向之西,约周围有地合英国一方里有半,华里四方里有半。

(二)常年公会

界内应设立工部局,专理界内应办事宜,西历每年正月,由是年之领袖领事官传知界内有阄之租业户,并知会道台派委住在鼓浪屿殷实妥当绅董之一二人,此人嗣后可为工部局之董事。公会一次核对该局前年支发帐目、推举值年局员,并将是局中公费以及该局照例应为各项之事,酌议订定。应于公议前 10 日先行传知,公会时由是年领袖领事官主会。该会系指众人公集,及来会者统计。有阄管业人不到,由付字代理人来者,有逾大半位数而言。可以照续开规例,抽收捐欵、照费,估捐田产、房屋之捐,并可抽收运入藏贮界内货物之输。惟百货之输,无论系运来及贮藏,均不得过货值百分之四。该会众人公集或来会者数逾大半,并可酌核抽收别项捐输。

(三)特　会

领袖领事官,指当时者言,或出己意,或由别领事,系指一人或数人而言,公局与有阄之人必 10 人联名片请,可以传知完纳捐输之人,在常年会外别集办公会。未特会办之事,仍必十日前通知,并将何事特会先行宣布。会时何人主其会,与常年会时例同。会时议定之事,经在座有阄人三分之二允准者,在公界内之人均应遵行。惟其时在座举办局事人,不得少过三分之一。事经常会或特会议定,仍候各领事核准,如无各领事中之大半批准,何项条议虽经议允,概不准行。

(四)界内工部总局

局中办事之员,洋人五六位,华人一二位,共以□位为限。此五位洋人,系公会时经有阄之人阄□推举,此□位华人,系厦门道台派委殷实妥当之人,共此□人,应办公事,至次年常会接办之员举定,方可交卸。

何项人在会议时有推举人员之权：

（1）凡洋人在鼓浪屿管地，在领事存案，估值不在 1000 元之下者，可以公举。洋人董事系公举，故必如此。华人董事由厦门道派定，毋须公举，不在此例。

（2）执有特字代前项管业人之不在此□者，可以公举。

（3）洋人除照费外，每年完捐在五元以上者，可以公举。

何项人可以举充局员（即董事）列左：

（1）洋人有应管产业在鼓浪屿，估值五千元之上者，可以举充。

（2）寓居鼓浪屿洋人，租捐每年纳在四百元者，无论该租系伊行、伊会或公司代偿、均可举充。惟同行、同会、同公司之内，许一人举充，同居之屋者，亦只许一人举充。

局员缺出：

期内遇有局董缺出，由值年局员公推补充，仍执三占从二之例。如遇有华董事出缺，仍由厦门道选充。凡局员举充后，皆应即行办事。每年支销册报，均于次年常会者核办。每年新举局员，应于首次会议时公举正局董一人、副局董一人（即正副董事长）。凡遇局中议事，可否之人平分，即视正局董之议为可否。凡议事均以三人为众，可以作断。如二人可、二人否，而局董可，即可者多一人，余类推。上文所用洋人二字，系别中国人而言，凡中国人生长他国及入他国籍而为他国人者，均不得混入。

（五）局员权分所能为之事

照章将局员选定后，凡已经批准附入章程以后规例内一切权柄势力，并规例为议。归局董应办之事，应得之物，均全给与公局值年之董事及将来接办之后任。该局董有随时另行酌定规例之权，以便章程各项更臻完善，并苟将已定规例随时删除增改，但不可与章程之旨相背，仍候批准宣示，方可施行。其局董照章酌定之例，除专指局内及所用上下人等事件，必由厦门道与奉有约各国领事官商妥，禀蒙中国政府及驻京公使批准，及特请谋位执业租主齐集会议应允，方可照办。

（六）局中员役

公局供役上下入等，如巡捕员丁等，公局可随时派委雇请，可办章程应办各事。所需月支薪工，由局核定作正开销。并可酌定规则，以便管束此等人，其任用辞退亦由公局作主。惟未经特会允准，派委额缺均不逾三年。

（七）追　欠

倘有人不肯照付章程所定各项捐抽及不遵缴后附规例内犯罚之款，准由公局或其总经理事人（按：即秘书长），赴各管该衙门控告，察核情形，随时酌办。

（八）控告公局

公局可以告人，亦可被人控告，均由其总经理事人出名，或径用鼓浪屿工程公局字样亦可。凡控告公局及其经理人等者，应在领事公堂，此堂系每年由各国领事派定。惟局中派雇人员及总经理事人，遇因在局奉公被控者，所应得责任，只归公局之产业，不自任其咎。

（九）租　地

凡洋人租转地基，应赴中国衙门及各该领事署报知注册之处，悉听历办旧章办理。

（十）公业归由公局掌管

凡界内现马路、码头、墓亭以及公局之地址房产，均由公局掌业。遇有推广以上各项另需地段之处，准由公局与该业户议价购置。如管业之人不售卖，而公局又系因公起见，如另筑新路、修整旧路、以及别项公用工程、保卫民生必需其地，可将案送候特派领事公堂判定。倘该局系因公起见，所事尚在情理之中，而又实无别地可换者，除传到人证问取供词外，应由公堂将所需之地址，按照随时所值酌断地价，由局照付，如其上有房屋，亦一体约定房价。遇有此项断归地址房屋，其所余之地，或因有而价有涨落，自应随时秉公妥议。公堂判定之后，倘有不遵之处，由掌业及租户之该管衙门设法劝令。再此系专指公局需用公地而言。此外，华洋商民产业买卖价值，悉听业主自便，不得牵引影射。凡道路码头，非先经理巡厅（按：即港务处）允行，由公局核准者，概不得兴筑。

（十一）地　租

鼓浪屿虽作公地，仍系中国皇帝土地，所有地丁钱粮及海滩地租，照旧由地方官征收转交公局，贴充经费。嗣后如有新填海滩应完地租，仍归中国地方官收纳，不充公局，以定限制。

（十二）会审公堂

界内由中国查照上海成案设立会审公堂一所，派委历练专员驻理。所属有书差人等，以资办公。该员应由厦门道概总办福建全省洋务总局札委。遇界内中国人民被控干犯捕务章程之案，即由该员审判。倘所犯罪案重大，应由该员先行审问，再行录送交地方官审理。界内钱债房产等项词讼，如有中国人被控，亦归该堂审办。案经该堂断定，须内地及厦岛地方官伤令遵断之处，该地方官不得推诿。凡案涉洋人，无论小节之词讼，或有罪名之案，均由该管领事自来或派员会同公堂委员审问。倘会审之员与该堂承审之员意见不同，以致不能了案，其案可以上控，由厦门道会同该领事再行提审。凡案内人证有现受洋人雇倩及住洋人寓处以内者，传换票签，先期送由该领事签字，方准奉往传拘。此外，中国人犯逃避界内者，应照上海移程，由委员选差径提，不必知照领事,亦毋庸会捕、协拘。华民仅受洋人雇倩,而被传时并不住在洋人寓处以内者,票签不用先送领事官,但是日送由该领事官视何缘故,或签字或斟酌情形核销。其由该公堂听理词讼详细移程,应由厦门道台妥拟。

(十三)无票拘人

凡有侵犯公界之治安及秩序者,工部局不用特许票,得拘拿之。其有籍隶各国之人,可请各该国领事官发票拘拿之。所有拿获之人,应具理由书,送往各国法庭,按律讯办。

(十四)引渡罪犯

设有刑事案在厦门或内地发生,其犯事人逃至公界者,由海防厅发票派役送请领袖领事官签字,如犯事人在外国人住宅内者,应呈请该管领事官签字。工部局巡捕应协助该役拿获犯人,并即解送。如遇紧急情形,可先将犯人拿获,随后签字,照第十二条手续办理。

(十五)违章罚款

凡根据本章程订定之规则,按照规则所应收之罚锾、充公及抽捐等款,可向各该管领事或其他官员直截征取,该官员视为适当时,得依法强制执行,命令该犯事人缴交罚锾、充公等款,及因执行而发生之公费,按照本移程及规则征收。所得之罚锾等款,概归工部局收入项下,以开销j切公费。

(十六)修正章程之手续

嗣后如发见章程内有必须更正或增订之处,或文字有疑义,或权限须磋商,须由领事团及中国地方官订议妥协,呈由北京外交团及中国最高政府批准。

一千九百零二年一月十日在厦门日本领事署签押。

签字人:兴泉永道延

海防分府张

厘金委员郑

外交委员杨

领袖领事日本领事

英国领事

美国领事

德国领事

法国领事

西班牙丹麦代理领事

荷兰瑞典鲁威领事

鼓浪屿工部局律例

粘贴广告
不准于本公界内楼屋或墙壁等处粘贴广告,违者定则拿办。

滥用风枪
本公界内禁用风枪;违者定必拘捕究办,并将其风枪充公。

游濯
凡有在海边行状令人可厌者,准巡捕立即拘拿。游濯者必须穿游濯衣袂,欲换之时,不准在海边。

脚踏车
不准乘脚踏车子人烟稠密之处,以致伤害行人,违者拿办不贷。

妓　馆
凡本公界内不准开设妓馆。

建　筑
(1)凡呈请建筑书内;当附图详绘,并载明长阔度数。

(2)该图经董事许可后,应遵守图中所载,不得逾越。

(3)凡重建或新筑屋宇,其沟渠水道,当绘明图中。'

(4)无论何屋,其建筑不得侵及公路或小路抑公业。

(5)须开凿水井,宜具充足之泉水。

(6)该新屋之沟道,须接连公沟。

(7)新筑之屋,须具一水池,以收集屋上雨水。其池之大小,由本局董事审定。

(8)建筑工程,须于十二个月内完工。倘过期未能完竣,则建筑执照费当再缴纳。

(9)倘所纳之建筑执照未曾用过,可于十二个月内将所纳之照费取回八折。

(10)建筑照内所开条件,应一律遵守;违者立即阻止停工,并召回该建筑执照。

(11)凡价值五千元以下者,每百元须纳一元,凡五千元之外者,每百元须纳洋五角。

轿馆章程

(1)本局所定轿馆章程并轿资等事,并将诸条例开于左。

（2）诸轿馆须应报名登册，并每月缴记费壹大元。

（3）每乘轿须有号牌悬挂在轿之两边，该牌号码不得短至二寸之内。牌由工部局自行发给，不取分文。并轿资开列如下：

轿夫两名	确实挑扛时间
5 分钟	定资洋 2 角
10 分钟	定资洋 3 角
15 分钟	定资洋 4 角
30 分钟	定资洋 6 角
1 点钟	定资洋 1 元
2 点钟	定资洋 1,6 元
3 点钟	定资洋 2 元
4 点钟	定资洋 2.5 元
5 点钟	定资洋 3 元

（4）轿班二名同轿，每日给资洋三元，一日是由早上六点起计算至晚间六点止。

（5）凡有人晚间十一点以后雇轿者，须应比以上所定轿资多给一半之数。

（6）凡欲雇轿探客者，须先与轿夫言明，或在该处守候，或回轿馆定时再来，若无预先设法，则该轿夫可将守候之时间取给轿资。

（7）所定之资，系属客人平常来往路程，非关别等事故，如丧葬喜吉节日，若订日期欲雇者，须当先行彼此商酌为妥。

（8）凡于犯以上定规一条者，定将该轿馆头人带到会审公堂讯究所犯等事。

（9）所定章程，系印以英文及汉文，统行发给诸轿馆实贴，凡有请给，可也。

（10）凡雇轿班者，须直向轿馆雇请。

（11）每二名轿夫守候时间，每点钟一角，子夜间十一点以后，每点钟二角。

家　畜

鼓浪屿公界内，凡有畜养鸡：猪、牛及一切家畜等类，理宜约束，不宜放在路上肆行，因有违碍本局章程，除出示禁后，倘有不遵示禁，仍将此等家畜放出肆行糟蹋公路，一经本局巡捕触见，即将此等畜类充公，并饬传畜养主人到会审公堂理罚不贷。

残酷家畜

凡本界内居民，如有殴打或残酷家畜等者，必须拘捕究办。

割伐树木

凡逾越花园以及在公路射伐树木者,因有逾过私界及在公路割伐树木之情由数件,而且常在花园墙界内等寻拾柴火者并割伐树木者,损坏甚多,各巡捕等有受严命,倘有故违者,定即拘拿究办不贷。

养犬执照

本公界内所有畜狗之家,须于每年正月间到本局领给牌照,若无领牌之狗,肆待公路,一经巡捕触见,立即击毙。

纸 炮

本公界内不准居民于夜间十一点至晨七点以内燃放爆竹及种种炷炮。

赌 博

于本公界内不准赌博或开设赌馆,违者定则拿办。

羊 照

(1)凡有畜羊者,须到本局给照。

(2)其照不准他人顶替执用。

(3)如有新买及死亡之羊者,应必报告本局,倘有不遵守者,即拿办不贷,并罚银二十五元。

肩挑贸易执照

(1)凡肩挑贸易在鼓浪屿者,必先到本局给执照牌,其牌资每月大洋五角。

(2)华民肩挑贸易在本界内贩卖杂货所自过外国楼前者,宜肃静而过,不可大声贩卖,以免喧嚣,并不准立街中以碍行人。

(3)凡肩挑贩卖一切食物者,如鱼类水果等物,须用网盖遮。

(4)不准于本界内贩卖冰冷水或割开生果等,违者究办。

名胜石

凡本界内名胜石,不准开凿。如印石、复鼎石、剑石、升旗山石(鹿耳礁)、鸡母石、鸡冠石,(东山顶)、拿冠石(港仔后),燕尾石(内厝沃)。威尔顿Z.(内厝沃),骆驼山石、鼓浪石(五个牌)、日光岩石(笔架山)、笔架山。

垢秽物

于本公界内,不准于街道弃垢秽物,违者则拘捕究办。

旅馆执照

(1)凡本公界内所有旅馆酒铺,须到本局给照,其照分为三等:一等二十元;二等十元,三等六元。

（2）如给照系外国籍民，其所之照，须经其领事盖印。

执照之条例如下：

（3）抵照不准他人顶替执用。

（4）如有不遵守者，将其牌照注销，并将其保证金充公。

（5）所贩卖之酒，须时时开与卫生员或本局所派之职员监查。如有不清洁或不合卫生者，本局欲将其酒充公，一概不赔。

（6）夜间迟限十二点闭门，至晨六时再开，而于礼拜日当于上午十一点至下午一时闭门。

（7）凡夜间贸易之时，其大门须燃电灯。

（8）其生理非得本局允准者，不得转让他人。

（9）不准于馆内赌博及无秩序之行为，如酒醉等情。

（10）不准土棍或品行不端正者避难于其内，本局巡捕可随时入内查检。

非法拘捕

于本公界内不准非法拘捕，以致惊惧居民，违者即拿办不贷。

粘贴广告

本公界内不准楼屋墙壁或街道等粘贴广告或表显非礼图绘及种种不适当之物，违者定则拿办。

码头章程

（1）双桨载客，仅准在码头左边。

（2）右边则全为搭客上岸及电船、触舨载客之用。

（3）电船、舢板于起客或落客后，当立刻驶开，以免阻碍交通。

（4）以上章程有不遵守者，定必拘捕究办不贷。

风　筝

于本公界内不准在街道放风筝，以阻碍电线或德律风（注。即电话）线等；如有不遵守者，定则拿办。

牛奶厂章程

凡贩卖牛乳者，各宜涤洗其应用之瓶，以便本局篮察者检查。

一牛奶瓶之涤法如下

（1）先以清水洗净之；

（2）洗刷之后，其器皿须原置其位，

（3）未分给之时，须经监察员封盖，

（4）本厂限于夜间二时开至八时又于下午二时开至四时。

牛奶捐如左

半斤每瓶一占（注：占是厦门话，一占即一分），一斤每瓶占半;2斤每瓶二占。

酒照（洋酒）

凡本界内旅馆铺户如有卖洋酒者,须到本局领给执照,照费每季大洋25元;如有外国籍民之执照者,其照须经其领事盖印。

执照之条例如下

（1）其照不准他人顶替执用。

（2）若有不遵守者,本局欲将牌照注销及其保证金充公,并将其领照之人拘捕究办。

（3）凡所售之酒,应听卫生员或本局所派之职员随时检查,该酒如有不清洁或不合卫生有毒者,本局欲将该酒充公,一概不赔偿。

酒照（华酒）

凡有旅馆铺户卖华酒者,须到本局执照,其照费每季不等。

执照之条例如下

（1）其照不准他人顶替执用。

（2）若有违犯于章程者,本局欲将其牌照注销及其保证金充公,并将其领照之人拘捕究办。

（3）倘无领给旅馆执照者,不准在店中给人饮酒。

（4）所售之酒应听卫生员或本局所派之职员随时检查,该酒如有不清洁或不合子卫生或有毒者,本局欲将该酒充公,一概不赔偿。

（5）不准于馆内赌博或不正当之行为。

（6）凡土棍及品行不端正者,不准住在酒楼或旅馆,本局巡捕不论何时可入内检查。

嚷酒（注：即猜拳）

本公界内,无论何人,不准任意大声嚷酒,以碍治安,违者立即捕办不贷。

本局办事室时间

本局办事室由上午9时开至12:30止,又由下午2时起至4时止。

鸦　片

不准于本公界内私运鸦片以及设烟馆,如有不遵守者,定则拘捕究办。

巡捕格外职务

（1）凡有另雇本局巡捕于其职务外者,须先禀告局长,其费每人每点钟大洋五角。

（2）倘因有公事上之要务者,本局不得准其呈请。

结队游行传单表示

鼓浪屿既属公共地界,五方杂处,人民日繁,治安亟应维持,秩序不容紊乱,以固公共之利益,抑亦本局之责任也。况当兹时局纠纷,遍地骚扰,而于此偏小之公界,尤易构怨而酿成巨患,清夜思之,怒焉忧虑。本局深愿各居民对于平索所有行为,务本忠义慎重,倘所作何事或若何举动及表示、致使甲国人民触怒乙国人民者,本局均当防止之。嗣后,除国庆纪念,群相祝贺,以及学校宗教团体社会,有正当之秩序、肃静之经过,与夫婚娶之、丧葬之寻常阵行外,凡有其他之结队游行或传单表示,未先得本局之许可者,则本局巡捕长暨巡捕员,均受有明令,得随时阻止之:但此项许可,须于四十八点钟以前请求之,惟照准与否,本局自有裁夺。凡此谆谆忠告,无非为保治安。自示之后,各宜遵照,本局实为厚望焉。

告　谕

凡粘贴告谕于本公界内者,除先得本局允准者,一概禁止。如有中国官厅送上告谕,须先由领袖领事通告后,转送于本局盖印,然后由本局巡捕粘贴之。

卫生广告

本鼓浪屿各铺户及肩挑贩卖一切食物者,如鱼肉水果等物,时时用网盖遮,以免蝇蚋集传染疾病。若夫挑贩之布盖,亦须先带到本局查验适当,方能准用。所有冰水冷水及剖开之生果,不论铺户或挑贩,由本日起,一律禁止售卖,以防暑天传染疾病。倘敢故违,立即捕办不贷。

报告身故章程

凡本界内有居民身故者,必报告本局书记、并将其医生证明书附上。

双桨小船规则

(1)各船户须将船牌安置船中后座,以便搭上下船时,可以一望而见。其牌上又须用汉英文两样字写明该船之号并工部局之字。

(2)搭客每人只准收资四镭(注,即四个铜片),如一人另搭一船者,准取小洋一角半。若夫昏暗之际、黑夜之间,则准收费三角为例。

(3)倘遇风涛大作之时,船资准可酌加一半或倍之,惟风浪之势如何。

(4)轿客并轿夫每载收二角,如空轿并轿失,则准收费一角半。

(5)每船只准载客六人,不准多载。倘有船户违犯此条,客人应当自保稳妥,并准指明该船户牌照号,驰报本局。

(6)工部局给领船牌费,各船户每月须缴大洋0.4元。

(7)各双桨小船户等,各须遵照规则,倘敢故违,定即究办不贷,并将其船牌取回注销。

（8）各搭客人等，倘有船户玩违规则者，准其指明该船牌号，并将申诉之辞，禀呈本局，以便究办。

招　牌

（1）凡有招牌，须离公路7.6尺之高。

（2）其牌不准侵入公路3尺，并不准其遮蔽公路之电灯。

屠　场

所有屠场皆受工部局管辖。监查屠场者须察其有合卫生与否，然后盖印。倘有不合卫生者，不准贩卖。本局供给温水及种种需用之器。

畜类之捐如左

（1）屠牛每只大洋1.5元、羊大洋0.5元、猪大洋0.5元。

（2）凡屠夫与贩卖者须遵守条例如下：

（3）所有猪畜等须宰于本屠宰场。

（4）肉须带有本屠宰场之印花。

（5）如有不遵守本局定章，必拿办不贷，并将其牌照注销。

遮　洋

（1）本局惟准设帐帷以临时遮蔽食物，当其摆用于太阳照耀之间。

（2）帐帷须用可涤净之布制之，宜守清洁，并须离公路九尺。

（3）倘帐帷有碍于卫生者或不合用之处，本局一概不准。

侵入私业

本公界内不许居民逾入私界，违者定必拿办不贷。

演戏执照

（1）凡本公界内欲开演戏者，必先到本局给照。

（2）所领执照，不准别人顶替执用。

（3）晚闻至迟限于11时闭门。

（4）不准演唱无耻及非理之戏。

（5）应听上差巡捕随时入内查看。

日戏1元，夜戏2元。

第三节　鼓浪屿工部局：职权和机构

鼓浪屿工部局成立于清光绪二十九年（1903）一月，英文全称是"Kulangsu Municipal

Council"。公共租界具体行使权力的行政机构,基本以清咸丰四年(1854)成立的上海工部局为蓝本。"工部局"这个名称源于上海,因其职能与我国封建朝廷所设六部中的工部类似,而被中方称为"工部局"。

一、政治统治与机构组织

依照《厦门鼓浪屿公共地界章程》,鼓浪屿工部局主要负责城市建设、维持治安和管理公共环境卫生;根据《律例》的规定,监督《律例》执行情况;还要征收产业税、牌照费和罚金。总的说来,工部局在公共租界里扮演的是"市政府"的角色。

光绪二十九年(1903)5月1日,鼓浪屿开始行使权力。工部局最初选址在今鼓新路与三明路三岔路口北侧临海的台地上,租用一栋洋行的英式建筑作为办公楼。光绪三十四年(1908),工部局在岭脚(今公平路北侧鼓浪屿街道办所在地)建办公室、职员宿舍、巡捕队宿舍及监房等三座楼房,此后一直在此办公。

工部局的领导部门是董事会。根据《章程》,董事名额为6~8人,其中有华董1人,其余皆为外国人。华董由清政府地方当局指派,外国董事由外国人推选。董事任期一年,设正、副董事长各一名,董事长执掌局务大权,具有二次表决权。

工部局董事都不是专职官员,工部局内部又设立一些专门办事机构,由领取薪水的工部局职员具体办理日常政务。鼓浪屿工部局权力最大的人是工部局董事会的秘书,中国人则称之为"局长",局长由董事会聘请.向董事会负责。历届局长都兼巡捕长的职位。工部局存在40多年,先后聘用过6任局长:

第一任:麦坚志(H. S. Mackenzie),一作麦根士,英国人,任期1903—?。

第二任:密芝诺(C. BerkeleyMitchell),一作必之诺,英国人,任期? —1912年。

第三任:鲁敏顺(S. M. Dobinson),一作多宾森,英国人,任期1913—1919年。

第四任:贺坚勿赖(H. R. Remington),一作雷明顿,英国人,任期1919—1920年。

第五任:黎德(H. C. Reed),英国人,一作李德,任期1920—1926年。

第六任:巴凯(G. R. Bass),英国人,任期1926~1940年。

这六人都是英军退伍军人,因出身和经历,基本都是英帝国主义殖民利益的坚定维护者。密芝诺曾在埃及、南非、锡兰(即斯里兰卡)、香港等地服役,获得过英国政府颁发的皇后南美奖章三枚、国王南非奖章两枚,退役后,又获得"长期效力,管理有方"奖章。民国元年(1912)死于鼓浪屿任内。英国人塞舌尔·包罗所著《厦门》一书中就有一篇密芝诺的简单传记,其维护英国殖民利益名声之大,可见一斑。鲁敏顺在军中担任过士官长,民国二年(1913)2月,因鼓浪屿海岸货物清理的事处理不公而引起纠纷,鲁敏顺竟指挥巡捕向周围手无寸铁的中国百姓开枪,打伤多人,还逮捕一批人。黎德和巴世凯,不仅经常无端欺负中国人,更是破坏和镇压爱国学生和民众游行示威的急先锋,他们不但亲自挥舞警棍堵截游行队伍,还指挥巡捕用消防水龙冲击群众,鸣枪加以威胁是常用的手段。

最初,工部局仅设有办公处和巡捕房,全局总计 38 人。办公处有雇员 6 名,其中 1 名英文秘书,1 名收税员,1 名翻译,2 名杂役和 1 名英籍医官。巡捕房有 32 人,其中 3 名印度巡官,24 名印度巡捕,3 名看守和 1 名侦探。

图 6-19 鼓浪屿公共租界里的锡克族巡捕

其后,为了强化统治,工部局下属的办公处和巡捕房的人员不断增加,部门职能也不断细化。工部局下属的两个部门改设成警务、财政、工程三股,照旧由董事分工掌管。后又增设产业估价股,民国十二年(1923)将工程股和产业估价股合并,增设公共卫生股,民国十四年(1925)增设教育福利股。

随着帝国主义列强殖民统治的逐步深化,鼓浪屿工部局的行政机构越设越多,分工越来越细,员丁也越来越多,但其行政职能基本上围绕着警务(巡捕房)、财政、环境建设和维护这三个方面,其中以警务(巡捕房)为最,其次是财政,最后才是环境建设和维护。据统计,每年从鼓浪屿人民那里剥削到手的钱,有三分之一以上花费在雇拥巡捕身上。

鼓浪屿工部局除了制定了与《章程》同时出台的《鼓浪屿工部局律例》外,还先后制定名目繁多的"条例"和"告示",据统计,1909 年时,这类"条例"和"告示"就有 54 种之多。《律例》和"条例"由巡捕具体执行。从维护殖民统治者的利益出发,工部局的警力逐年加强,巡捕的数量从光绪二十九年（1903）的 32 名（其中印度巡捕 27 名），民国二十一年（1932）的 150 名，增至民国二十九年（1940）的 165 名。其机构也从早期的印度巡捕和华人巡捕两个分队，到民国二十八年（1939）的巡捕房已辖有印度巡捕分队、华人巡捕分队、日台巡捕分队、侦探队和居民登记处等五个部门。民国二十九年（1940），全局人员骤增至 349 人。巡捕房刚设立的日台巡捕队在其刚设立时，就有日籍和中国台湾籍的巡捕 24 名。侦探队也从光绪二十九年（1903）的 2 名（本地人），光绪二十九年至民国十四年（1903 ~ 1925）年的 2 ~ 4 名，民国十五年（1926）的 8 名，增加到民国二十九年（1940）的 37 名。

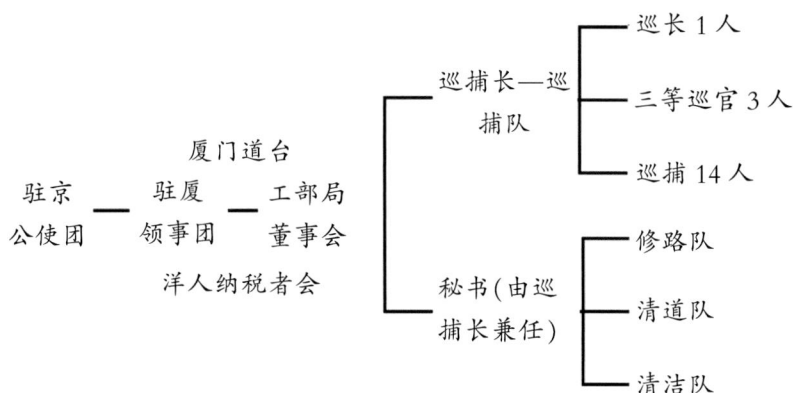

图 6-20　成立初期鼓浪工部局组织系统

董事七名，其中华董一名由厦门道台指派，其余 6 名洋董由洋人纳税者会选充，每年一月常会更选。巡捕长 1 人系英国人，以下 18 名均系印度锡克教徒。

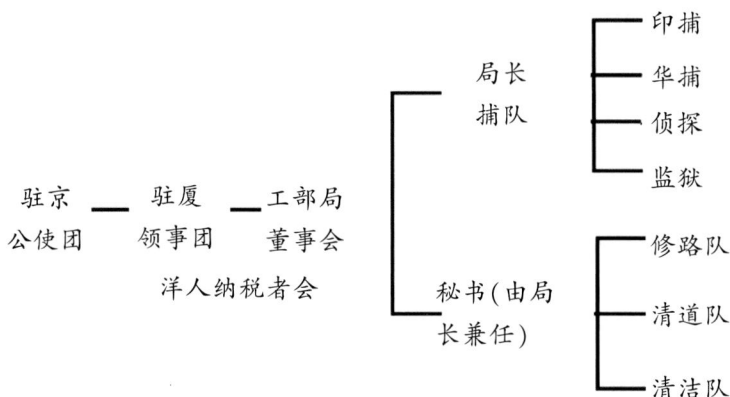

图 6-21　1917 年后鼓浪屿工部局组织系统

巡捕队扩大：有一、二、三巡职别、印捕中又增加巴基斯坦伊斯兰教徒、另从我国山东威海卫雇来一批华捕，当时叫"北兵"。

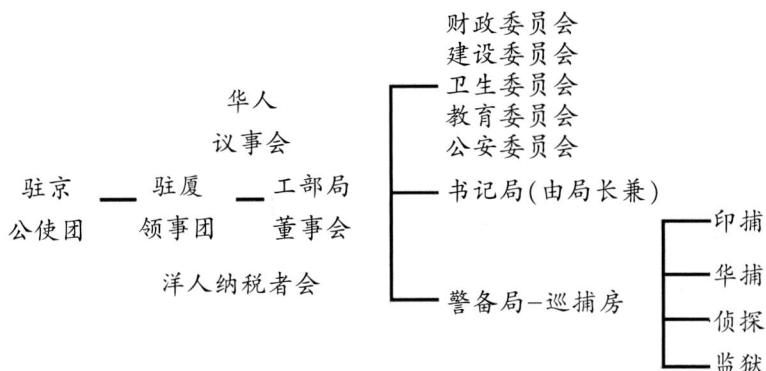

图 6-22　1928 年后鼓浪屿工部局组织系统

此时华董名额由 1 人增至 3 人，洋董由 6 人缩减为 4 人，在董事会下另设财政、建设、卫生、教育、公安 5 个委员会，由华人议事会推荐 5 人分别参加这 5 个委员会，均系义务，不支领该局俸给。

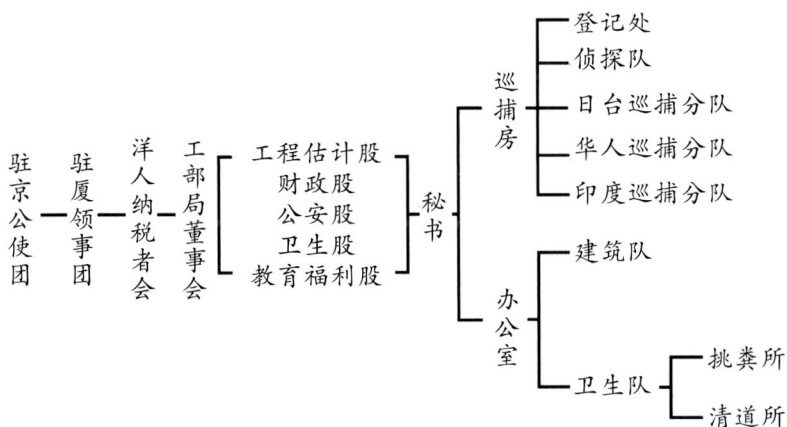

图 6-23　厦门沦陷后期①

厦门沦陷后，华人议事会解散，不能选华董参加董事会。民国二十八年 6 月 1 日，日本领事内由以该馆 196 号公文提议改革，同年 6 月 8 日，经工部局以 3713 号公文答复同

_____

① 厦门市政治协商会议厦门市委员会与文史资料研究委员会合编:《厦门的租界》,鹭江出版社 1990 年版,第 88～90,114 页。图 6－20～6－23 皆引自此。

意，于 10 月 17 日成立"鼓浪屿问题解决协定"，改变该局组织。民国二十九年 4 月 1 日，开始办理人口登记手续。此时局内巡捕总数达 100 人左右，其中日台巡捕占 30 多名。

二、财政与经济掠夺

工部局统治时期的财政，由董事会财政股负责制定逐年收支预算，审核决算，该预算与决算均须经过逐年的洋人纳税者常年会通过。

工部局的税收来源，主要是产业税和牌照税。工部局成立时，董事会组织了三人委员会，重新估算鼓浪屿的房屋和外国人租用中国人房屋的租金，提高估值，根据提高了的估价征收产业税。规定估值在 4 000 元以下者征收 1%，1 000 元以上者征收 0.5%；租金每百元征收 5 元。开始时中国人和外国人的产业估值差不多，所付的产业税，在 1903 年，中国人为 4 829.22 元，外国人为 4 706.14 元。光绪三十三年（1907），中国人为 8 275.53 元，外国人为 8 428.53 元。至宣统元年（1909），官绅富商和归国华侨，相继迁居鼓浪屿，购买地皮建筑房屋。从此，中国人的产业税比外国人付的逐年增加。宣统元年（1909），中国人为 9 465.17元，外国人为 8 301.43 元；宣统二年（1910），中国人为 10 248.35 元，外国人为 7 768.57元。民国二年（1913），工部局注意到中国人的产业越来越多，房屋和地皮价格大涨，就对鼓浪屿全部产业重新估价，重估值约 250 万元。此后，每年进行一次产业估价，甚至所估的价值高出市价很多，然后再把所估价值打折征收。民国十二年（1923）起，是用估值 75% 作为征税的根据。民国十三年（1924），工部局又公告征收产业新办法，中国人的产业，由中国人居住的，按估价向业主征收 1% 的税款；中国人的产业，由外国人租住的，其 1% 的产业税由业主与租户各半分担；外国人的产业，其 1% 的税款也由业主与租户各半负担；产业税每半年预收一次，欠税的加征税款的 10%。

20 世纪 20 年代，鼓浪屿出现建筑房屋的高潮，工部局的税款收入也日益增多。民国十三年（1924）之后，中国人在鼓浪屿上大量建筑房屋，工部局收入的产业税也随之逐年上升。到了民国二十年（1931），中国人所付的产业税比外国人多至 5.2 倍（中国人为 63 997.75元，外国人为 12 209.94 元）。

民国二十一年（1932），工部局统治者借口共产党于 4 月间入漳，需要增加巡捕至 150 人。为了满足工部局的要求，洋人纳税者会于 6 月 10 日召集特别会议，由法国领事兼领袖领事花嫩芬主持会议。决议自民国二十一年（1932）7 月 1 日起，产业税率重新调整：中国人所有而由中国人居住的产业，和外国人所有的而由中国人租住的产业，一概按估值向业主征收 1.14%；中国人所有而由外国人租住的产业，按估值向业主征收 0.7%；又按估值的租金向租户征收 7%。税率一提高，这年所收入的产业税为 92 173.60 元(1931 年为 76 207.69元)，吃亏的还是中国人。

到了民国二十三年（1934），工部局董事会又借口要在龙头建筑新的洋灰码头和购置救火车及救火设备，需款约 25 000 元。外国人纳税者在民国二十三年（1934）1 月 29 日的常年会通过决议案，在民国二十三年（1934）年征收产业税时加捐 15％，民国二十四年（1935）更增加到 20％。

民国二十七年（1938）5 月 13 日，日寇占领厦门。在这以前，因为富户逃离鼓浪屿，一时无法征收 1938 年上半年度产业税。外国人纳税者在日本总领事兼领袖领事的主持下，于 7 月 11 日召开特别会议，通过"授权"，工部局可以征收，在每半年度前三个月内未缴纳的产业税，征收附加捐 50％。民国二十八年（1939），因日本帝国主义者要求雇用一个日本总巡和 11 个日籍台湾巡捕，工部局又把产业税率由原来的 1.25％ 提高至 1.5％。在上半年 4 月 1 日和下半年 10 月 1 日以前未缴纳产业税者，征收 50％ 的附加捐。

牌照费是工部局的第二项主要收入来源。光绪二十九年（1903）计征收狗牌费、小贩牌照费、旅社执照费、洋酒执照费、土酒执照费、彩票执照费、鸦片执照费、开石执照费、菜馆执照费、双桨执照费、戏照费等 11 种。嗣后，陆续增加市场执照费、马匹牌照费、屠宰费和建筑执照费等 4 种。至宣统元年（1909），又增加墓地照费。民国二年（1913），再增加羊奶间执照费。民国七年（1918），增加羊牌照费、人力车牌照费。民国十年（1921），增加轿牌照费。民国十一年（1922），增加自行车牌照费、猪牌照费、店铺牌照费。民国十三年（1924），增加当铺执照费。民国二十六年（1937）7 月 1 日起，厦鼓轮渡航行，增加征收轮渡牌照费，取消双桨牌照费，民国二十八年（1939），又增加市场执照费。从此，工部局征收的执照费、牌照费达 26 种之多。

民国二十二年（1933）1 月 30 日的洋人纳税者常年会，根据工部局董事长洪显理的建议，为了抵补不敷，又通过了增加几种牌照费，把负担转嫁劳动人民身上。增加的牌照费如下：

（1）屠宰费，一年以下的猪、羊、牛每只收费由 0.5 元增至 1 元，一年以上的每只收费由 1.50 元增至 2.50 元。

（2）狗牌照费，每年由 2 元增至 4 元。

（3）戏照费，夜戏每场 2 元，日戏每场 1 元。

（4）当铺执照费由每月 2 元增至每年 50 元。

（5）土酒执照费每季由 1.50 元增至 3 元；啤酒执照费每季由 6 元增加至 10 元。

（6）牛乳间牌照费，每只黄牛或水牛每半年由 0.2 元增至 1 元。

（7）轿牌照费，每月每台 0.5 元，不征行轿行登记费。

为了要在民国二十八年（1939）增设一队日台巡捕，需款 3 万元，工部局财政股建议自民国二十八年（1939）1 月 1 日起，再增加几种牌照费如下：

（1）土酒执照费，每月由1元增至2元。

（2）当铺执照费，每年由50元增至100元。

（3）屠宰费，每只猪或小牛由1元增至2元，大牛每只由2.50元增至3.50元。

（4）戏照费，日戏每场由1元增至2元，夜戏每场由2元增至5元。

下表是鼓浪屿工部局历年财政的收支情况。

表6-1　工部局1903—1940年收支一览表

（单位：元）

年次	岁收	岁入	其中主要收入		
			产业税收入	建筑执照收入	罚金收入
1903	15 416.50	13 930.31	9 595.36	–	120.30
1904	21 917.19	22 308.32	15 036.37	248.70	430.90
1905	23 229.79	21 349.63	15 343.08	230.55	900.60
1906	23 028.83	22 733.72	15 599.98	352.65	233.67
1907	23 858.80	20 468.23	16 704.06	334.35	291.67
1908	26 036.22	2 7571.78	17 197.25	590.85	441.89
1909	26 044.63	26 309.20	17 166.60	340.54	379.60
1910	26 539.68	27 208.52	18 016.92	836.60	301.87
1911	27 264.89	30 214.44	18 584.86	603.90	498.57
1913	30 592.93	22 304.07	22 227.58	459.43	449.10
1914	34 667.70	27 753.20	25 581.78	1 231.59	899.02
1915	32 257.75	29 286.24	20 856.63	1 250.03	1 473.20
1916	38 939.00	32 142.04	24 843.39	2 902.20	1 978.20
1917	39 246.86	41 328.80	27 519.46	1 240.46	1 659.54
1918	41 688.32	39 211.34	29 478.97	7 31.76	1 172.88
1919	43 107.17	44 789.84	30 402.43	1 416.32	450.50
1920	46 299.09	51 767.53	31 872.56	1 375.45	422.62
1921	51 197.39	43 765.28	33 435.11	2 754.23	1 529.02
1922	57 557.83	57 219.06	34 614.79	2 529.20	2 856.89

1923	78 117.31	73 910.38	49 695.51	4 433.50	4 327.45
1924	94 277.64	89 718.37	54 857.11	6 968.81	4 336.22
1925	100 600.59	98 350.86	62 201.54	4 368.50	3 937.78
1926	102 565.41	11 1173.45	69 036.73	2045.05	3 061.45
1927	97 857.13	91 824.80	71 069.32	1 956.00	1 247.42
1928	102 006.89	100 911.89	72 016.18	2 463.00	2 193.15
1929	105 512.55	105 131.38	73 771.38	1 589.50	4 224.00
1930	113 112.80	114 322.42	75 058.25	1 295.50	7 404.50
1931	111 594.78	107 832.14	76 207.69	2 409.00	5 883.00
1932	123 672.98	123 375.73	92 173.60	2 822.38	6 775.50
1933	145 706.99	156 108.89	100 731.86	2 720.45	9 088.59
1934	167 519.36	166 801.96	103 829.62	4 070.75	10 702.14
1935	151 624.16	161 400.49	101 612.02	2 240.85	4 131.80
1936	145 912.72	142 269.96	110 463.54	1 395.10	1 596.80
1937	144 298.84	145 213.43	111 700.15	478.00	1 327.00
1938	161 621.89	142 342.96	124 122.79	52.00	5 793.60
1939	251 089.56	239 189.26	146 000.00	536.13	12 185.00
1940	473 179.67	429 627.13	139 336.25	595.90	15 033.47

厦门市政治协商会议厦门市委员会与文史资料研究委员会合编:《厦门的租界》,鹭江出版社1990年版,第91~92页。原文中1912年数据缺失。

由上表可见,工部局的主要收入项目所占全部收入的大致比例如下:

产业税:占总收入平均数的62.37%;

牌照税:占总收入平均数的18.87%(其中建筑执照费1.95%);

违警罚金:占总收入平均数的3.65%;

粪捐:占总收入平均数的4.59%。

根据记载,工部局的主要支出项目及其所占总支出的比例如下:

办公处薪津:占总支出平均数的15.05%;

巡捕薪津:占总支出平均数的33,83%;

工程费用：占总支出平均数的 12.69%；

卫生费用：占总支出平均数的 11,83%。

作为工部局收入的主要来源，产业税贡献了工部局的财政收入大约近 2/3，各种牌照税次之，接近 1/5，这两种收入占总收入的 80% 以上。支出部分，有近一半用于支付工部局雇员的"薪津"，真正用在工程和卫生方面的费用还不到 1/4，这区区 1/4 的支出，也主要用于为外国人的生活提供服务和保障。可见，《章程》中有关市政工程和卫生方面的规定，不过是遮羞布而已。

三、鼓浪屿工部局的终结

民国二十六年（1937）7 月 7 日，抗日战争全面爆发，民国二十七年（1938）5 月 13日，厦门沦陷，鼓浪屿毫无遮蔽地暴露在日军的兵锋之下。此时，在鼓浪屿人面前强横傲慢的工部局却奉行对日绥靖政策，幻想以牺牲中国的利益来满足日本军国主义者的野心，以此保全各国的在华利益。在日本兵临城下的时候，工部局毫无作为，只是妥协退让。民国二十八年（1939），美、英、法等国在与日本的军事对峙中败下阵来，日本随即胁迫工部局签订《鼓浪屿租界协定》《取缔反日行动协定》和《执行反日行动之取缔协定》。根据协定，日本总领事馆的警察署大肆在鼓浪屿搜查各教会学校、书店甚至私宅，随意抓捕中国人，对岛上的华洋商号实施登记，强征捐税。

图 6-24　日军登陆五通

图 6-25 日军占领胡里山炮台

图 6-26 率部攻厦的日军指挥官

日本政府看到欧美列强极力避免与自己直接对抗,野心急剧膨胀,民国二十九年(1940)12月,日本驻厦总领事馆还擅自在公共租界的康泰垵增设"出张所",民国三十年(1941)2月,日本又向英、美势力施加压力,将日本人推举的人选递补为工部局秘书长兼巡捕长(局长)和副秘书长(副局长),控制工部局的实权。至此,工部局已形同虚设,日本驻厦总领事成为鼓浪屿租界的实际统治者。

如同所有的绥靖政策一样,工部局对日本的一再妥协并未换来鼓浪屿的安宁。民国三十年(1941)12月7日,太平洋战争爆发,8日,日军发动对远东地区欧美统治区的全面进攻,蓄谋已久的日本驻厦门海陆军迅速占领鼓浪屿,住在鼓浪屿上的外国人全部沦为俘虏。控制了鼓浪屿之后,日军即着手改组工部局,使之成为没有欧美董事,只受日本政府控制的新的工部局。至此,鼓浪屿工部局名存实亡。民国三十一年(1942),日本侵略者对其侵华方针进行调整,一方面,为了"强化"汪伪政权,推行"以华制华"政策,打压中国人民的抗日情绪;另一方面,为了政治诱降蒋介石的国民政府,日本侵略者开始策划"归还租界"的闹剧。民国三十二年(1943)1月,日伪签订《日华关于交还租界及撤废治外法权之协定》。同年5月,汪伪政权根据协议"收回"鼓浪屿公共租界。自此,鼓浪屿工部局寿终正寝,鼓浪屿成为日军占领下的沦陷区。

图6-27 日军占据鼓浪屿日光岩

图 6-28　鹭江上的鬼影

民国三十一年（1942），美英两国为了确保将蒋介石的国民政府留在同盟国阵营中，加强同盟国国间的团结，正式向中国国民政府提出签署中美、中英新条约，废止治外法权，交还在华租界。随后，欧洲各同盟国国家先后与中国政府订立相同性质的新约。

民国三十四年（1945）9 月，日本政府无条件投降，二战结束。同年 11 月 24 日，国民政府外交部正式公布《接收租界及北平使馆的办法》。随后，根据国民政府与各国签订的新约，厦门地方当局正式接受鼓浪屿的租界。随着各有关国家相继宣布放弃在鼓浪屿公共租界的所有特权，中国政府完成收回鼓浪屿公共租界的所有法律程序。鼓浪屿作为"国中之国"的历史，在此画上终止符。

四、考古发掘所见的工部局

2011 年 6—8 月和 2012 年 3—5 月，为配合鼓浪屿申报进入"世界文化遗产名录"，厦门市文化局组织厦门市博物馆考古人员对鼓浪屿工部局遗址进行了考古发掘。共发掘两处遗址，分别为鼓浪屿工部局一期遗址和二期遗址，发现和出土了一批比较重要的遗迹和遗物。

（一）鼓浪屿工部局一期遗址

鼓浪屿"工部局一期"遗址位于鼓浪屿东北部，鼓新路与三明路三岔路口北侧临海的台地上。遗址西南面是鼓浪屿风琴博物馆(八卦楼),东南面是居民住宅,东面隔海与厦门岛相望。

工部局一期遗址是工部局早期办公地点,系租用的洋行建筑,光绪三十四年（1908）,工部局迁往别处。2007年,原建筑倒塌后,建筑基址被填平,被休整成小公园。

图6-29 鼓浪屿工部局一期遗址分布范围示意图

1. 发掘方法及过程

该遗址的原建筑于2007年倒塌后就地填埋,有关部门在建筑地基上平整地面后建了一座小花园,铺设有小路和大面积的石砌空地,遗址西北局部因铺砌台阶而遭破坏,遗址北部保留有一段外墙墙体,西部保留有外墙墙体和红砖地面。本次发掘因为地面状况不佳,工期较紧等条件限制,且遗址是在不久前才被填平,填土来源复杂,地层分析与发掘结果并无直接关系,不会对发掘结果产生重大影响,所以放弃探方发掘。具体发掘方法是:先从遗址北部开始首先拆除修建公园时铺砌的条石阶梯和水泥地面,水泥地面下即有部分残存红砖地面露头,然后以此处红砖地面和遗址西角保留的红砖地面为参照,大致掌握建筑基址上填土的厚底,然后分两组分别向东北—西南、西北—东南两个方向清理,两个方向清理宽度分别是5~8米、1~5米,一直清理至建筑的南部外墙墙基和东侧边缘外墙拐角处,然后返向清理,建筑遗迹主体部分揭露出来之后,沿着已揭露出的、比较明确的遗迹边缘,遗迹完全发掘。

图 6-30　鼓浪屿工部局一期遗址发掘现场

2. 地层堆积

由于该遗址形成时间很短,且地层堆积都是人为形成的次生堆积,地层分析只在判断出土物品与遗址关系时起作用,所以只参照地层形成过程,将其分为三层:

第①层,灰黑色土,厚约 0.1~0.15 米,包含物以植物根系为主。这一层是修整公园时,为种植草坪和观赏花木从别处移来的。

第②层,红色填土,厚约 0.2~0.55 米,包含大量碎砖和近现代生活垃圾,包括渔网、衣物、各种玻璃瓶、丢弃的儿童玩具和日用品等。这一层是填平建筑遗迹时倾倒于此的。

本层底部出土的物品,有较大可能是原建筑倒塌时遗留其中的,估计有一些与工部局有关。事实上,第 2 层底部的确出土了一些比较重要的器物,包括"GORDON'S LONDON GIN"(伦敦哥顿金酒）酒瓶、"KULANGSU MUNICIPAL COUNCIL"(鼓浪屿市政委员会,即工部局）奶瓶和金纽扣。

第 2 层之下,是工部局建筑遗址的红砖地面及石砌墙基。

3. 主要收获

(1)遗迹与遗物。本次发掘,比较完整地清理出工部局建筑遗址,为了解其内部建筑布局提供了直观材料。

从发掘结果来看,遗址平面呈矩形,北部两角有角楼,现存遗址东北—西南长约 32 米,西北—东南宽约 25 米,面积约 800 平方米。工部局建筑以东北—西南向为对称轴,建筑主体长约 30 米,宽约 24 米。

　　遗址北部和西部保留的墙体为建筑外墙,墙体以条石和红砖为基础,作为基础的红砖较宽,厚度较薄,铺砌成一个平面。平面上起墙,每层砌两列砖,同一平面的红砖长边相对,上下层相互交错,第十层砖开始起券,形成宽 2.75,高 1.65 米的拱形窗,顶部正中倒置一梯形石饰拱形窗两边,以石饰顶部为基准水平线砌平,墙的顶部以红砖做简单修饰。墙角用条石交错砌成,既是装饰,又起到加强建筑结构强度的作用。

图 6-31　工部局一期遗址北部建筑外墙

图 6-32　工部局一期遗址西部建筑外墙

图 6-33　石砌墙角

图 6-34　拱形顶石构件

图 6-35　拱形顶细部

图 6-36　墙的底层构造

图 6-37　西角拱形顶石构件

图 6-38　西角残墙西部

图 6-39　遗址西部露出地面的红砖

　　遗址东南部没有高出地面的墙基遗存,但仍保留部分石墩、条石遗迹,石墩呈直线分布,应是柱础及建筑外墙残留的墙基;条石遗迹大致位于建筑东南面正中处,排列较整齐严密,从其延伸方向来看,应当是建筑墙基的一部分。

图 6-40　鼓浪屿工部局一期遗址建筑外墙墙基（由东北向西南）

图 6-41　鼓浪屿工部局一期遗址建筑外墙墙基转角处（由东北向西南）

图 6-42　鼓浪屿工部局一期遗址建筑外墙墙基转角细部（由东北向西南）

图 6-43　清理工部局一期遗北部阶梯遗迹

图 6-44　工部局一期遗北部阶梯遗迹（由西南向东北）

图6-45　工部局一期遗北部阶梯遗迹局部（由西南向东北）

从内部结构和布局看，该建筑似以东北—西南向的走廊中线为对称轴。

建筑东北端两侧角楼突出，平面呈"凹"字形，角楼正中开门。北侧角楼外有近圆形石阶遗迹。建筑内有一道西北—东南向石砌墙基将整个建筑内部分为两个部分，之间有门连同。东北部被一道东北—西南走向的石砌墙基平均分为两个部分，其中位置偏南的部分，建筑内地面保存较好，但房屋布局在20世纪七八十年代被居民改动过，部分地面改为水泥地，增设水泥制的排水沟、隔墙、水池等。

遗址西南部有一条东北—西南向的过道贯穿整个建筑，过道长约18.1米，宽约3.6米。其南侧的房间，因修建公园时在其上铺设石板地面而遭到破坏，石砌墙基已被取走，地面砖也大部缺失，根据北侧房间形制及分布推测，过道两侧各分布三间，共六间近方形房间，每间房间进深约6.7，宽6～6.05米。各房间都只在朝向过道的一边开门，门道宽度为1.3～1.6米。建筑西南端因修造地下排水设施和移植树木等原因，破坏较甚，未发现门的迹象，廊道局部遭到破坏。西南端廊道内有两处砖砌小房间，可能是后期加盖的。

建筑内墙基以条石交错砌成，墙基厚度在0.45～0.47米。地面主要铺设方形红砖，局部铺有少量六边形砖。部分地面在建筑倒塌前经过修整，改为水泥地面。

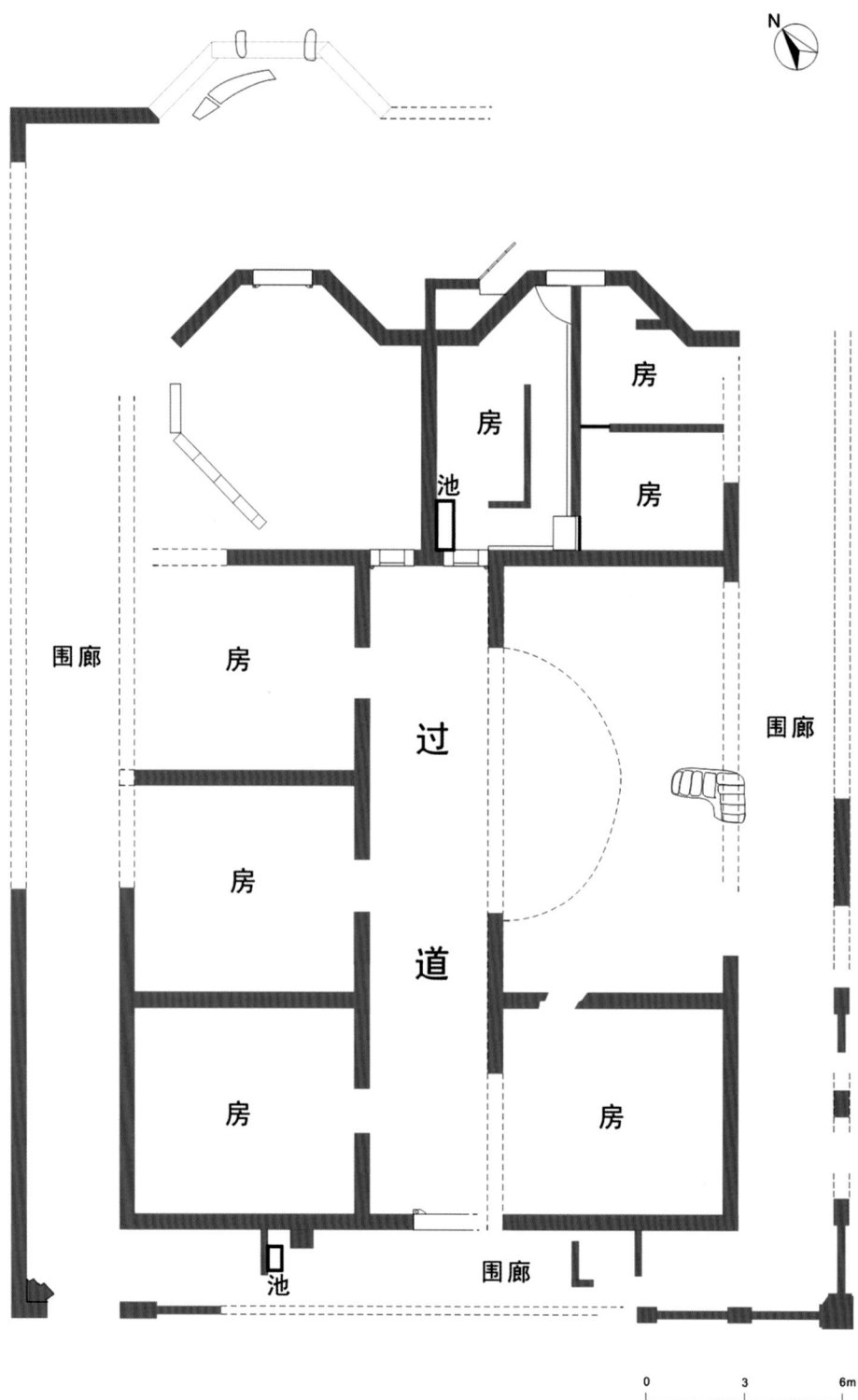

图 6-46　鼓浪屿工部局一期遗址建筑平面图

图 6-47　鼓浪屿工部局一期遗址北部房间（由东向西）

图 6-48　走廊北部台阶及门臼

图 6-49 石质门臼

图 6-50 北部房间内的水池

图 6-51　工部局一期遗址房间内的排水沟

图 6-52　鼓浪屿工部局一期遗址南部房间（由东向西）

图 6-53　工部局一期遗址中部条石墙基遗迹（由东南向西北）

图 6-54　建筑南部围廊外的房间及水池遗迹

图 6-55　条石墙基的砌法

本次发掘发现的遗物不多,能够确定与工部局有关的遗物只有一件:

(1)"KULANGSU MUNICIPAL COUNCIL"(鼓浪屿市政委员会)铭文奶瓶,出土于第2层底部,敞口,尖圆唇,颈部又一圈凸起,直腹,凹底。颈部凸起下有一直径3厘米的圆形凸起,估计是贴商标只用。瓶子另一面,腹部有一椭圆形凸起,其上方有英文字母"ONE PINT",即"一品脱",凸起内有三行英文字母"KULANGSU""MUNICIPAL""COUNCIL",意即"鼓浪屿市政委员会",也就是鼓浪屿工部局,瓶底处有"ABC2"字样,瓶底近中央处有一圆形凸起。瓶子通体透明,瓶身有少量气泡。

另有一批无法确定是否与工部局有关,但具有一定时代特征,或是在一定程度上反应鼓浪屿社会生活的遗物:

(2)花鸟纹金纽扣,出土于第2层底部,纽扣呈泡状,正面铸有纹饰,纹饰以鸟为中心,周围有花草植物,背面镶有长约0.7厘米的扣钉。直径1.6厘米,整体高0.9厘米,厚约0.15厘米,重约3.3克。

(3)"GORDON'SLONDONGIN"(伦敦哥顿金酒)酒瓶,出土于第二层底部,小直口,尖圆唇,葫芦颈,溜肩,直腹平底。肩部有三行英文字母,分别是"GORDON`S""LONDON""GIN"即"伦敦哥顿金酒",酒瓶颈部以上为透明玻璃,以下为磨砂玻璃。口径2.5厘米,底径7.5厘米,同高28.5厘米。根据目前所查到的资料,该酒瓶形制不见于现代常见同类器物,估计生产年代较早,但具体时间尚不能确定。

(4)半圆形装饰砖,共有三块,保存较完整,红陶制,半圆形,长半径14厘米,短半径约13厘米,厚4.5厘米。

(5)陶制管,4件,分粗细两种,均为残件,表面施酱釉,胎质较粗,一端有接口,可相互套接。粗管管直径13.4厘米,接口直径17.7厘米;细管管直径10厘米,接口直径13.7厘米,两种管壁厚均为0.8厘米。

(6)石砖,2件,较完整,黑色石质(?),呈长方形,顶端呈半覆斗形,背面中部比两边高,从顶部看呈倒"凸"形,两件中,一件北面靠近顶端处有铁质构件,并有数字编号,但辨识不清,另一件北面铁质构件似乎被拆掉了,也有数字编号,编号"517"。长22.6,宽21,厚4.5厘米。

(7)"土"字型六棱柱,完整,水泥质,黄褐色,纵剖面呈"土"字形,横截面为规整六边形。顶端还残存水泥涂层。通高41.3厘米,柱体最宽处23.2厘米,最窄处19.5厘米,壁厚2厘米。

(8)"爪哇公司"铭文铺地砖,3件,两件较完整,一件缺一角,陶质,正方形,正面仍可见红底蓝色几何花卉图案,背面阴刻"爪哇公司"四个字,边长20厘米,厚1.6厘米。

还有多件各种纹饰的酒瓶、玻璃杯、锁、插销等生活器具,但这些器物与工部局遗址的关系更加难以确定,在此就不详细介绍了。

图6-56 工部局一期遗址全景(从东向西)

(2)结果与讨论。本次对工部局一期遗址的发掘,比较完整地揭露了工部局建筑基址,对建筑的构造和布局有了比较直观的认识,出土了一些比较有价值遗物,除"KULANG-SUMUNICIPALCOUNCIL"奶瓶外,金纽扣和哥顿金酒酒瓶的年代及其与工部局的关系尚无法明确,仍需进一步研究。

2.鼓浪屿工部局二期遗址

鼓浪屿二期遗址位于公平路北侧、永春路西侧的鼓浪屿街道办大院内,办公大楼南侧。

东面是三一堂,西面约 300 米是日光岩和郑成功纪念馆,北面是安海路和笔山路。发掘前为绿地,种植有草坪和棕榈树等观赏树木。

发掘区在草坪中部和南部,北、西、南三面都有现代建筑。中心地理坐标为北纬 24°26′48.80″,东经 118°03′41.47″。

鼓浪屿工部局二期遗址是鼓浪屿工部局的重要组成部分,光绪三十四年（1908）,在岭脚(今公平路北侧鼓浪屿街道办所在地)建办公室、职员宿舍、巡捕队宿舍及监房等 3 座楼房,建成之后一直是鼓浪屿工部局后期主要办公地点。建筑于 1958 年拆除。

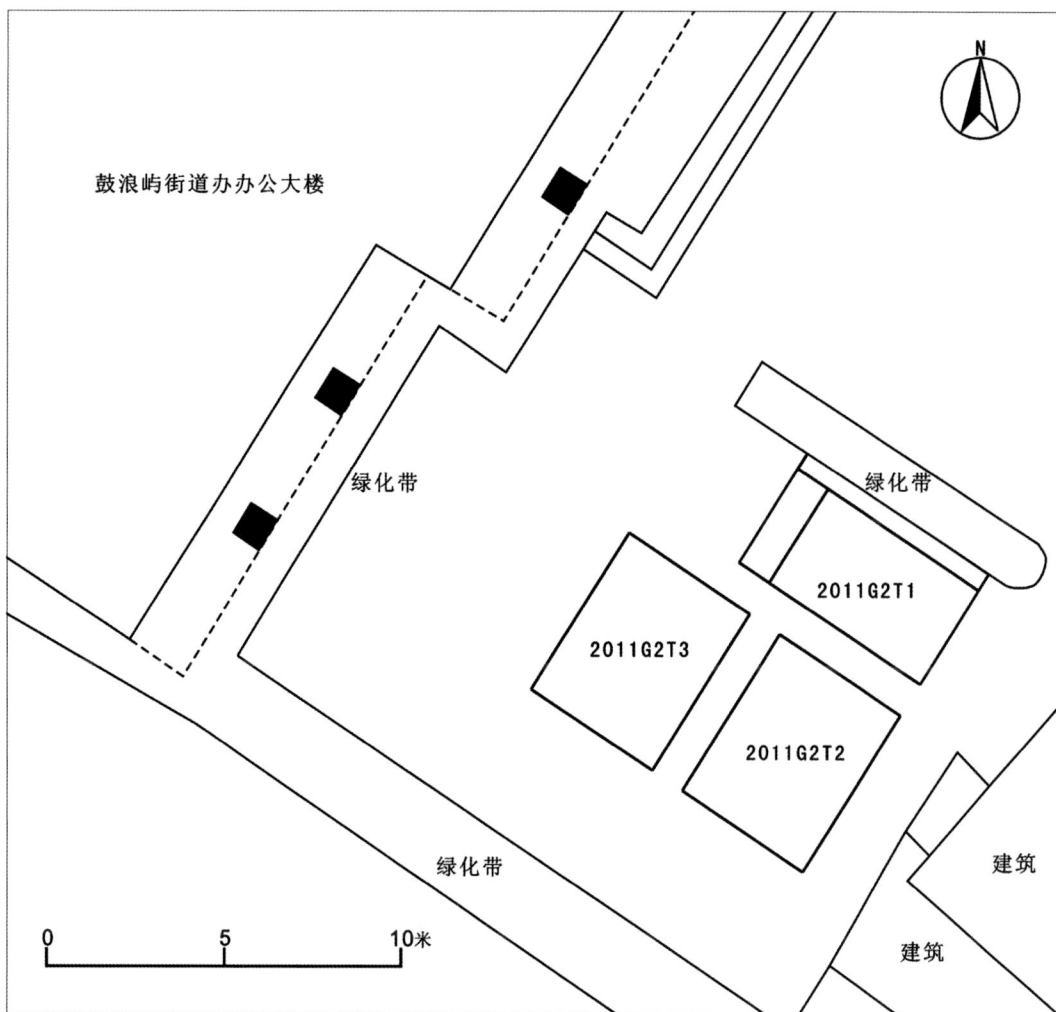

图 6-57　鼓浪屿工部局二期遗址探沟分布图

1. 发掘过程

该遗址是鼓浪屿工部局 1908 年之后的办公楼所在地,解放后,因修建鼓浪屿区政府大院及办公楼（即现在的鼓浪屿街道办），工部局原建筑被大部拆除，地基大部分被压在现在的办公楼及大院操场和绿地下。根据鼓浪屿管委会工作人员介绍，遗址大部分遭到破坏，唯有街道办办公大楼南侧绿地内可能还遗留有部分工部局原建筑的基址，绿地南侧的两层楼房，以工部局残余建筑为主体框架修建。经过探查，结合收集到的资料，决定在现发掘区内开始发掘。

图 6-58　工部局二期遗址发掘前（由东北向西南）

根据发掘区地面状况和周边情况，在发掘区内东南部沿东北—西南向布设 3×5 米探沟一条，西部和北部朝西北方向各布设 4×5 米探沟一条，分别编为 2011G2T1—2011G2T3。2011G2T1，原定发掘面积 3×5 米，后因发掘需要向东北扩方一米，向东南扩方 0.3 米。发掘深度 0.3~2.3 米，2011G2T2 和 2011G2T3 发掘面积、深度相同，面积均为 4×5 米，深度均为 0.4 米。发掘过程中，按照田野考古规程要求，自上而下逐层清理。

图 6-59 探沟 2011G2T1（由东北向西南）

图 6-60 探沟 2011G2T2（由东向西）

2. 地层堆积

三条探沟内地层堆积都比较简单,大致可分为两层,以 2011G2T1 为例:

第①层,灰黑色土,土质松软,厚 0.1 ~ 0.18 米,包含大量草根。

第②层,褐色土,土质较硬,厚 0.13 ~ 0.25 米,除少量草根外无其他包含物。

第二层下土质纯净且较坚硬,疑为生土,考虑到工期较紧,故未作进一步清理。2011G2T2 和 2011G2T3 内地层堆积与 2011G2T1 基本相同,未见填埋坑及其他遗迹。

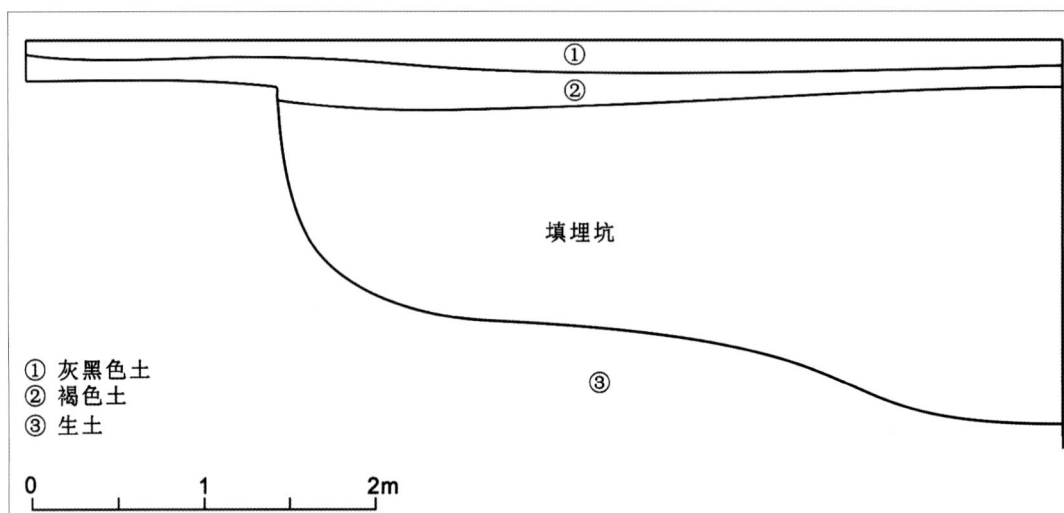

图 6-61　鼓浪屿工部局二期遗址探沟 2011G2T1 西北壁剖面图

3. 主要收获

(1)遗迹与遗物。探沟东南边第 1 层下发现一处遗迹,具体性质尚不能确定,初步估计为墙基,已揭露部分长约 7.5 米,宽 1.05 ~ 1.1 米,高度约 2.2 米。材质应是花岗岩,但成岩条件较差,矿物结合很不严密,节理较多,石质较疏松,用铁制工具可以划出较深印迹。遗迹顶面及揭露出的立面均休整得比较平整,顶面中部嵌有两道相对的条石,条石间相距约 2 米,形成类似门道的结构。

探沟中、北部,在第 2 层下有一大型填埋坑,填埋坑为不规则形,已揭露部分宽 3 米,深约 2 米,坑内有大量条石、碎砖瓦,填有黄沙,无重要遗物出土。

图 6-62　工部局二期遗址发现的石质遗迹（由东北向西南）

图 6-63　清理填埋坑

图 6-64　2011G2T1 内的填埋坑（由西南向东北）

图 6-65　工部局二期遗址条石遗迹上的"门道"

2. 结果与讨论

本次发掘只发现一处较重要遗迹,根据遗迹上类似门道的结构,推测为墙基,但已发掘部分未见任何与之匹配的地面遗迹,也不见修砌台阶的痕迹。遗迹应当还有部分压在水泥围砌的绿化带下,无法全面清理,情况不明,加之周边建筑较多,遗址破坏严重,既无法扩大发掘面积,又无法从其他遗迹遗物中得到相关线索,其性质难以明确。待条件成熟,可以考虑使用电磁技术进行勘探。

第七章　大北电报局海底电缆遗迹

第一节　大北电报公司在中国

　　大北电报公司是丹麦国际电报公司在中国开设电信公司使用的名称。清同治八年（1869）由丹挪英电报公司、丹俄电报公司和挪英电报公司三家组成，总公司设于丹麦首都哥本哈根，股东绝大部分是英国的资本家和沙俄的皇室。清同治九年（1870），以大北电报公司名义来华开业，敷设香港—上海、上海—长崎、长崎—海参崴海底电缆。同年5月，大北公司与英商中国海底电报公司（英商大东电报公司的前身）订立合同，划分双方在中国经营电报业务的势力范围，议定：大北公司的水陆电报线，不能延伸到香港以南，中国海底电报公司的水陆电报线，不得延伸到上海以北，上海、香港间定为双方共同营业的区域：大北公司可以先在沪港间独自设一水线，中途在厦门、汕头登陆，此线收入，由该两公司平分。

一、大北电报公司上海站

　　清同治九年（1870）七月，丹麦大北电报公司成立远东公司和上海站，地址在上海南京路5号。同治十年（1871）二月二十九日，大北电报公司擅自敷设由香港通达上海的电报水线并在南京路5号设立报房，自行制订电报价目，对外收发沪港及国际电报。这是上海和我国最早出现的外商电信机构。同年六月，大北电报公司又从日本长崎敷设水线至上海。这样，在中国逐步形成以上海为中心的国际电报通信网。大北电报公司的远东公司下辖长崎、上海、厦门、香港电报站及上海、厦门、香港电报收发处，有上海—香港水线1条、上海—长崎水线2条及长崎—海参崴水线2条、长崎—釜山水线1条。

　　同治十二年（1873），大北电报公司因其敷设在黄浦江底的水线常被过往船只的锚篙损坏，改由吴淞设陆线至上海。光绪七年（1881）七月二十一日，大北电报公司与美商旗昌洋行订立租约，租用产权属旗昌洋行的外滩扬子路（今中山东一路）7号房屋。光绪八年（1882），该公司迁入外滩7号。光绪九年（1883）四月，清政府官督商办电报总局与大北电报公司签订了有损中国利益的中丹《收售上海吴淞陆线合同14款》条约，中国政府以豆规银3 000两收买上海吴淞间陆线的主权，但同意吴淞陆线的登陆使用权仍归大北电报公司所有，中国仅向该公司收取往来欧、美商报费2.5%的过线费①。丹麦大北电报公司在中国经营国际通信业

---

　　①　亦称规银，是1933年废两改元前上海地区的银两计算单位。并无实银，只作记账之用。与它对应的是上海所铸的"二七宝银"。"二七宝银"使用时作"九八"升值，即为"规元"。银元折合成规元的比例称为"洋厘"，洋厘的折合率每天由钱业公会分早，午两市开出公布，升降由当天市场上银元供需变化而变化。

务,攫取了巨额收益,仅光绪二十六年（1900）一年中,该公司获得的利润就高达 52 万英镑。

光绪二十六年（1900）以后,大北电报公司与英商大东电报公司共同敷设了上海—烟台—大沽电报水线,在烟台、天津、北京设立电报站。光绪三十一年（1905）,大北电报公司在原租房屋前空地上新建四楼大厦。光绪三十三年（1907）十二月,大北电报公司迁入新厦营业。

民国七年（1918 年）3 月,大北电报公司花银 21.8 万两买进上海爱多亚路 4 号（今延安东路 34 号）土地一块,建造新楼。民国十年（1921）12 月,公司迁入新楼。

民国十九年（1930）,前清政府与大北电报公司签订的电报水线在上海登陆使用权合同期满。国民政府交通部电政司与大北电报公司谈判,于民国二十二年（1933）4 月 5 日签订新协议,延长大北电报公司水线在上海登陆使用权 14 年,自民国十九年（1930）1 月 1 日起算,止于民国三十三年（1944）底。

民国三十年（1941）,太平洋战争爆发,日军进入上海租界后,大北电报公司于民国三十一年（1942）3 月被日军接管而停止营业,大北电报公司各水线被日军移作他用。抗日战争结束至上海解放后的一段时间内,大北电报公司多次提出恢复营业的要求,均未获准。

1958 年 7 月 24 日,上海市邮电管理局受邮电部委托,与大北电报公司就中方协助清理该公司在中国的资产债务问题进行谈判。1961 年 12 月 9 日双方达成协议,签订转让契约,由市邮电管理局补偿大北电报公司人民币 10 万元,接收其在沪大楼、通信设备以及档案等,大北电报公司在沪留守人员转入邮电部门工作。至此,长期在上海经营国际通信业务的大北电报公司终于结束。

二、大北电报公司在厦门

同治十年（1871）年初,大北公司在鼓浪屿田尾路 21 号开办。是年三月,在敷设沪港水线时,未经清政府许可,擅自将线端登陆鼓浪屿引入其公司洋楼内,开始收发电报营业。清政府多次派员交涉,令其拆除,该公司置若罔闻。直到光绪九年（1883）,该公司与中国电政机关签订合同,准许登陆营业并借用厦门电报局电报水、陆联络线 20 年,后又续订展期至民国十九年（1930）年底,分别在厦门海后滩（今鹭江道中段）和鼓浪屿田尾路 21 号正式设立电报收发处,直接向公众收发电报营业。

民国十七年（1928）,国民政府召开全国交通会议,决议收回合同期满的电信主权。民国二十年（1931）元旦旧合同期满,厦门电信局如期将厦门大北水线（电报）分公司借用鼓浪屿田尾路沙滩至厦门沙坡尾水线房的电报水线及由水线房分别至该分公司海后滩电报收发处水线截断。同年 2 月 12 日,强制撤销该分公司海后滩和田尾路电报收发处的电信营业权,停止其直接向公众收发电报。此后,该分公司仅保持接转香港、上海电报业务,直至太平洋战争爆发后被日军封闭。

抗日战争胜利后,大北电报公司恢复接转港、沪电报业务。1961年,该公司将设备转让给中华人民共和国邮电部。12月9日,由上海邮电管理局与大北电报公司在上海签订转让契约,1962年3月,厦门邮电局派员接收大北电报公司在厦门的财产,该公司在厦门的历史宣告结束。

第二节　厦门的其他电报公司

一、外国电报公司

清同治九年(1870)三月,英国驻华公使威妥玛与清政府商议,英商大东公司(中国海底电报公司)拟在香港至中国沿海的汕头、厦门、福州、宁波设线,连接上海。清政府总理各国通商事务大臣奕䜣函复英驻华公使,同意英商电报公司"在水底安放(电缆),粗线端不得上岸"。光绪九年(1883)初,大东公司擅自将从香港到上海水线在上海登陆,以大北公司水线在厦门的鼓浪屿登陆为由,要求利益均沾。经协商,大东公司最后未在鼓浪屿设局营业,但仍与大北公司平分利润。

美国驻厦门领事馆领事施智文于同治十一年(1872)在厦门私设水线,将线端引至鼓浪屿美国领事住宅,拟再将水线北上接通福州、上海等处,经厦门地方官发觉后制止,水线敷设半途而废。

清光绪二十六年(1900),法国商办水线(电报)公司也私自从安南(越南)海防的都兰敷设电报水线至厦门鼓浪屿,皮长(电缆的长度计算方式)约800海里(1481公里)。该公司与厦门大北水线(电报)分公司合设一处并派柏纳尔为驻厦经理,亦直接向公众收发电报营业,侵犯中国电信主权,迭经交涉无效。嗣后因该电报水线阻断停业。民国十三年(1924)春,法商欲将该水线让售,遭国民政府拒绝。

二、厦门官办电报机构

(一)大清厦门电报局

厦门电报局创设于清光绪九年(1884)十二月,初系官督商办,隶属于设在天津的官督商办津沪电报总局管辖。次年津沪电报总局由天津迁上海,改称中国电报总局,厦门电报局仍属之。光绪二十九年三月初一(1903年3月29日)收归国有。光绪三十三年(1907),厦门电报局改由福建省电报总局管辖,取消"官督",改归民办。

(二)厦门电报局

民国二年(1913),厦门电报局列为一等电报局,从太古码头太古栈房后面(今海后路、升平路附近)移设水仙宫(今水仙路)旧中国银行楼上。同年,北京国民政府交通部在全国分设 13 个电政管理局,局设监督 1 人,厦门电报局属于闽浙区管理局管辖。民国五年(1916)北京国民政府交通部按省设立电政监督处,处设监督 1 人,厦门电报局改属福建电政监督处管辖。民国十一年(1922),北京交通部为节约行政费用开支,呈准裁撤各省电政监督处,各省监督职务统由交通部直接行使,各省省会电报局长改称总办,管辖本省各电报局,厦门电报局又改属福州电报局管辖。民国十四年(1925)恢复各省电政监督处,设监督 1 人,厦门电报局恢复由福建电政监督处管辖。民国十六年(1927)国民政府交通部在各省改设电政管理局,厦门电报局改由福建电政管理局管辖。

民国十九年(1930),厦门电报局迁址中山路中兴银行(今中国银行)楼上。这一时期,正值厦门进行改造旧市区开发新市区高潮,华侨纷纷回国投资金融业、房地产业、商业和公用事业,电报业务迅速发展,于是自筹资金在海后路 37 号兴建局址。

厦门电报局设局长、会计、出纳、事务、总务、文书各一人。局长下设业务课和营业课,业务课管辖有线报房、无线报房、海岸电台、长途台等;营业课管辖本局营业处、鼓浪屿营业处、金门营业处、册报室等。全局职工 70 余人。

为了加强电报干线线路维护管理,民国十八年(1929),南京国民政府交通部改变管理体制,分别设立福沪(榕沪)和福广(榕穗)电报干线工务处。福广(榕穗)电报干线工务处设在厦门电报局内,管辖福州至广州线路计长 1 332 公里,其中在福建省区域范围有 566.8 公里。

民国二十四年(1935)7 月,福沪(榕沪)、福广(榕穗)电报干线工务处及其分处撤销,电报干线维护分别划归各省电政管理局管理。福建电政管理局将全省干、支线电报线路管理划分为三个区:第一区驻福州,第二区驻浦城,第三区驻厦门。

民国二十六年(1937)10 月,金门沦陷,日机经常骚扰轰炸厦门市区。厦门电报局为通讯安全起见,奉令迁移到鼓浪屿。因日机轰炸,破坏了长途报话线路,有线电报和长途电话暂告中断,有关人员和设备陆续疏散内地,留下无线电报维持通讯。民国二十七年(1938)5 月 13 日,厦门沦陷,报房移设鼓浪屿较偏僻的保顺巷 12 号(今鼓浪屿区人民政府大楼背后)。

第三节　解放前厦门地区公众电报业务

清同治十年(1871),丹麦商办大北水线(电报)公司敷设香港至上海吴淞口水线,擅自将水线登陆厦门,引入鼓浪屿田尾西路(今观海园内),开通上海—厦门有线电报电路,设立分公司,开始收、发电报,对外经营电报业务。这是中国境内第一条国内公众有线电路。同治十三年(1874)十二月,省内第一条官督商办电报电路——建宁至厦门有线电报线路建成开通。光绪九年(1883)大北水线公司与中国电政机关签订合同,准许其登陆营业并借用厦门电报局电报水、陆联络线 20 年,后来又续订合同展期到民国十九年(1930)年底,分别在厦门海后滩（今鹭江道、大同路口）和鼓浪屿田尾西路正式设立电报收发处，公开经营电报收发业务，月均营业收入达2万银元，由汇丰银行汇缴该国总公司。

清光绪二十六年（1900），法国商办水线（电报）公司私自从安南（今越南）海防的都兰敷设电报水线至厦门鼓浪屿，与厦门大北水线（电报）分公司合设一处，派柏纳尔为驻厦经理，对外经营电报业务。此举侵犯了中国电信主权，中国政府曾多次交涉，但均无结果。后因该电报水线阻断停通，法方乃于民国十三年（1924）春提出让售，遭中方拒绝。

厦门电报局开办于清光绪九年（1883）十二月，为官督商办。该电报局仅开通厦门—福州、厦门—龙溪（今漳州市），电报线长度252里，厦门—晋江（今泉州市），电报线长度252里，3条直达电路，均装用单工莫机通报。光绪二十九年（1903）三月二十九日，该电报局被收归国有。光绪三十三年（1907），厦门电报局划归福建省电报总局管辖，改为民办。民国二年（1913）被列为一等电报局。

民国三四年间，福建省以福州为中心的主要电报干线线路架设完成，其中，福广（榕穗）电报干线线路从福州经涵江、兴化（今莆田、仙游）、惠安、晋江（今泉州市）、同安、厦门、龙溪（今漳州市）、漳浦、云霄、汕头至广州，同厦间由集美至高崎敷设电报水线。厦门—福州线路改单工莫机为单工韦机（快机）直达电路通报。

民国八年（1919）12月至民国九年（1920）1月，厦门开办无线收、发内、国际"贺年"明码电报业务。国际收发范围为美国、加拿大、纽约、芬兰、菲律宾及荷属东印度（今印度尼西亚）等。

民国十七年（1928）11月，厦门无线电台成立，其中，厦门至福州、汕头、上海等电报电路呼号为XIA，厦门至上海、澳门、香港的电报电路呼号为XGU。电台设立收发处（营业处）经营电报业务。使用普通三管式短波无线收报机；发报机为T、P、T、G式，功率均为100瓦，波长日间30米与34米。民国十八年（1929）1月14日，国际电台正式通报，先试营业，收转国际通讯，6月，开通厦门至福州、汕头、马尼拉无线电报电路。8月，移交国民政府交通部管理，隶属上海第一区无线通信中心。

民国十八年（1929），分别设立福沪（榕沪）和福广（榕穗）有线电报干线工务处。福广（榕穗）电报干线工务处设在厦门电报局内，管辖福州至广州线路，长度计1 332公里，其中在福建省区域范围内有566.8公里。该处在福建省所属的第一区工务分处设在福州电报局内，管辖福州至同安、同安至厦门线路，长度计356.1公里。第二区工务处设在龙溪（今漳州市）电报局，管辖同安至汕头线路，计305.5公里。第二年增辟厦门—香港有线电报电路，民国二十年（1931）增辟厦门—马尼拉国际有线电报电路。

同年4月，装置无线电台1座、无线电机两台。为了与大北电报公司竞争，厦门无线电台积极上门访问宣传,招揽业务,针对外商的洋行、银行等有关负责人大多居住鼓浪屿的特点,征得客户的同意,办公时间外的电报送送到住所,促进业务的发展,特别是国际无线电报业务迅速上升,当年仅厦门—马尼拉电报电路就发报 2.38 万字,占全国国际电报电路发报的 2.33%,民国二十一年（1932）发报增至 88 万字,在全国各台发报数量上名列第三。当年厦门无线电台改为厦门第四区无线电总台,管辖福州等台。

民国二十四年（1935）7 月,撤销福沪（榕沪）、福广（榕穗）电报干线工务处及其分处,电报干线维护分别划归各省电政管理局管理,福建省电政管理局将全省干支线电报线路管理划分为三个区:第一区驻福州,第二区驻浦城,第三区驻厦门。嗣后厦门无线电台并入厦门电报局,实行局台合一,基本上实现有线无线统一管理,互为补充,便于及时疏通电报。同年,厦门无线台增设金门、长汀 2 个无线电台。

民国二十六年（1937）,厦门电报局初步形成规模,设有业务课和营业课。业务课管辖有线报房、无线报房、海岸电台、长途台等,营业课管辖本局营业处、鼓浪屿营业处、金门营业处、册报室等。当时有线设备主要有:单工韦机 2 部,三柱作孔机 3 部,莫机 3 部;无线设备:大型（1 000 瓦特以上）无线电收、发报机 1 部,中型（500 瓦特）无线电收、发报机 1 部,其他无线电收、发报机 4 部,海岸台无线电收、发报机 1 部及发电机和蓄电池等。有线直达电报电路有:厦门—福州、厦门—广州韦机（快机）电路;厦门—龙溪（漳州）、厦门—晋江（泉州）莫机电路;厦门—同安、厦门—鼓浪屿话传电路。无线电报电路（定时）有:厦门—福州、厦门—金门、厦门—广州、厦门—汕头、厦门—上海、厦门—香港、厦门—马尼拉。同年 1 月,厦门电信局电报业务量为:由外埠收到者 16 194 份,字数 36.94 万字;由本埠发出者 15 775 份,字数 35.8 万字,共收发 31 969 份,72.74 万字,报费总收入为 1.52 万元。同年 10 月,金门沦陷,日机轰炸厦门市区,有线电报无法保持正常工作,厦门电报局奉令迁移至鼓浪屿鹿礁路,厦门的资本家和华侨也纷纷迁鼓居住,电报业务量增多。翌年 5 月 13 日,厦门沦陷,报房移设鼓浪屿保顺巷 12 号。31 日,大批日军进驻鼓浪屿,形势愈紧,业务课长兼负责人决定破坏一切设备,停止通信联络,人员疏散。仅留无线电报设备维持厦门—台北、上海、汕头三条电路的通信。

民国二十九年（1940）11 月 11 日,日伪设立厦门电气通信有限公司,下设电报局和电话局,均为官商合营。电报局在鼓浪屿设支局,经营电报业务。当时,直达电报电路为有线 2 路:厦门—台北韦机（快机）电路,厦门—鼓浪屿音响机电路;无线 3 路:厦门—台北,厦门—上海,厦门—汕头。有线设备主要有直流电动自动发报机、直流电动自动收报机、直流电动日文甲种键盘作孔机、直流电动洋文甲种键盘作孔机各 2 部,以及日文、英文打字机,蓄电池等;无线设备有:1 000 瓦、500 瓦、50 瓦短波发报机各 1 部,200 瓦短波报、话双用机 1 部,500 瓦中波发报机 2 部,收报机 3 台以及柴油引擎、发电机等。收讯台设在海关电台内。

这一时期的电报业务量以民国三十三年（1944）为最多,全年来往电报 23.38 万份。日本投降前几个月为最少,每月平均来往电报仅 300 份左右。因太平洋战争形势急剧变化,市电停发,收、发讯台移至大元路电话局内,仅装 500 瓦短波发报机 1 部、收报机 1 部。

抗日战争胜利后,恢复厦门电信局。接收该局原有有线电报设备和无线设备 1 000 瓦、500 瓦、50 瓦短波发报机各 1 部,200 瓦短波报、话双用机 1 部,500 瓦中波发报机 2 部及无线机组、电动机组、发电机组等,还有日本赔偿的日制 95 式 1 000 瓦发讯机、日制长波 600KC、1 000 瓦发讯机各 2 部。开通有线厦门—同安—晋江—涵江—福州,厦门—同安—龙溪—汕头电报电路,还可通达广州、重庆、台北、台南、上海、香港、马尼拉;无线开通厦门—福州、龙溪、晋江、永安、汕头、上海等 6 路定时工作的电报电路。随后陆续增辟厦门—金门、广州、香港、马尼拉等无线电报电路。12 月 27 日,厦门与台湾每日下午 5 时 ~ 8 时可直达通报,结束由永安电台转递的历史。

民国三十五年（1946）6 月 1 日,增加厦门—晋江—涵江—福州超短波机四路 1 部,因涵江—福州距离超过规定范围,改经实线载波开通。8 月,增加 400 瓦 SCR399 无线短波发讯机 1 部,95 式 1 000 瓦无线短波发讯机 2 部。民国三十六年（1947）5 月,厦门无线电台并入统一管理,实行局、台合一。9 月,恢复设立鼓浪屿营业处,扩大服务功能。据统计,10 月份电报去报 20 684 份,比 5 月份增加 28%,其中国际电报去报占比重大,特别是菲律宾、新加坡、印度尼西亚、泰国、越南、日本以及欧美等国各地,厦门国际电报营收占全区（粤桂闽 3 省）总和的 15%。民国三十七年（1948）7 月,首次使用 SAT 三路载波机,增加 1 300 瓦无线发讯机 1 部、1 000 瓦无线发讯机 3 部,相继开放“特快电报”“交际电报”“旅行电报”“贺送电报”“夜间电报”“电话通知收取去报及传送电报”“华文明码来报”,国内船舶无线电报开办“公益电报”“普通电报”“业务电报”“业务公电”“纳费业务公电”等各种新业务。民国三十八年（1949）上半年,有线设备 CF-2-B 四路载波电报机 1 部,韦机收、发报机 2 套,三柱作孔机 5 部,莫尔斯机 5 部;无线设备:收报机 6 部,波纹录报机 3 部,电动自动发报机 2 部,作孔机 3 部,各种型号报、话双用发讯机 4 部,报用发讯机 13 部,收讯机 18 部。

厦门解放后,成立厦门市电信局。1949 年 11 月 5 日,动工修复日本投降时被破坏的高崎至集美 4 对报、话水线和双芯电报水线,12 月 1 日完成,开始形成以有线电路为主、无线电路为辅的电报通信网。同月 27 日,恢复与龙岩中断 4 个多月的无线电报电路;28 日,又与刚解放的汕头通无线电报,与苏联、香港等 10 余个国家、地区无线电报正常收发。

第四节　大北电报局海底电缆遗址的发掘

本次发掘位置为厦门市思明区鼓浪屿田尾路 18 号厦门市鼓浪屿干部疗养院西南方向,

其院内洗衣房为原大北电报公司电报收发室与机房,坐东北朝西南,前后檐有回廊,典型西式建筑。此建筑距低潮时海岸线 70 米,西南方向 3 米为沙滩,海拔高度 2.5 米。

发掘的具体位置为距电报收发机房 70 米处。

图 7-1 大北电报局

图 7-2 大北电报公司电报收发机房后檐

图 7-3 大北电报公司电报收发机房前檐

一、发掘过程

通过对文献资料的综合分析,此次发掘的海底电缆应为大北电报公司铺设的上海—香港水线,厦门为中转站。经申遗办工作人员介绍,上世纪 70 年代曾经对此处的电缆进行过挖掘,与电报机房较近的电缆已被挖出。经讨论,认为离海岸线越近越可能发现电缆的残段。所以,发掘应在退潮时进行。附表为发掘前后厦门低潮时间表。根据工作安排,确定 2011 年 6 月 19－21 日对其进行考古发掘。

由于是在海岸线进行发掘,与内陆考古发掘不同,每当涨潮时海水将淹没发掘位置,退潮时所有迹象会被泥沙覆盖,无法大规模布置探方进行发掘,故此次发掘采用探沟的形式,在涨潮之前尽量挖深,等第二次退潮时在上一次所挖探方两侧再布探沟进行发掘。

在与电报机房平行距其西南方向 70 米处开 1×5 米由西北向东南方向探沟,探沟边缘与电报机房西北侧山墙成一直线,编号 T1,从沙滩表面逐层向下清理,直至潮水上涨,深度为 1 米,

待潮水再次退去后,在 T1 东南方向,与电报机房平行位置连续开两个 1×5 米由西北向

东南方向探沟,与 T1 相接,编号 T2、T3,发掘方式、发掘深度与 T1 相同,向下挖掘 10 厘米开始渗水。

与布置 T2、T3 方法相同,布置了 T4、T5 两个探沟,发掘深度与方法与 T1 相同。

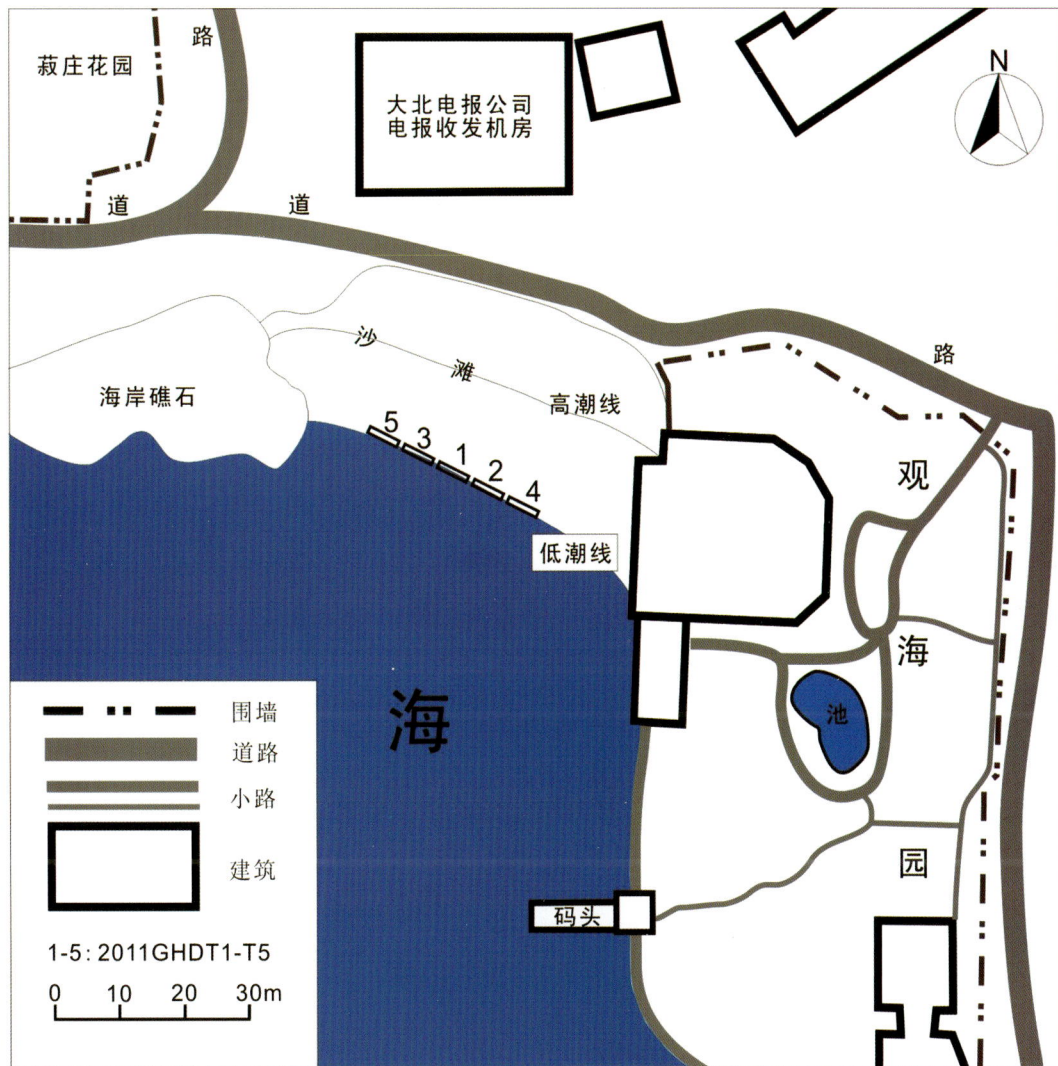

图 7-4 鼓浪屿"大北电报公司"海底电缆遗址探沟分布图

图7-5　海底电缆发掘现场

二、地层堆积

2011DHT1 分为 4 层：

第①层：沙层，厚 13～17 厘米，沙层内夹杂大量碎石；

第②层：沙、黑色淤泥层，厚 10～20 厘米；

第③层：黄色粘土层，厚 20～44 厘米；

第③层之下的红色粘土为生土层。

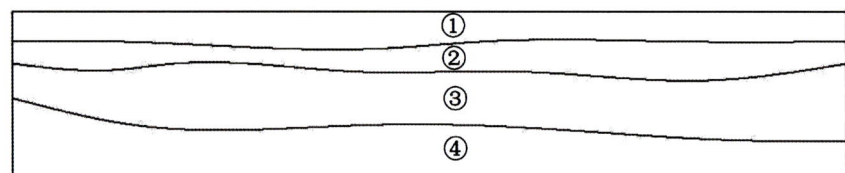

鼓浪屿"大北电报公司"海底电缆遗址T1剖面图

0　　0.5　　1m

① 沙层
② 沙、黑色淤泥
③ 黄色粘土
④ 生土

2011DH T2、2011DH T3 由上向下分为 4 层：

2011DH T2：

第①层：沙层，夹杂大量碎石，厚 5～8 厘米；

第②层：黑色淤泥，厚 5～10 厘米；

第③层：黄色粘土；

第③层之下的红色粘土为生土层。

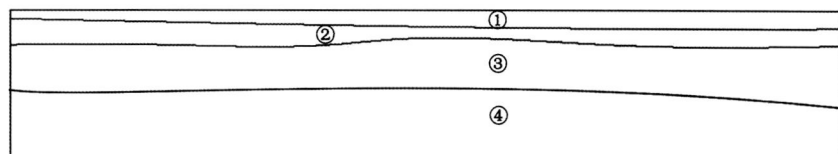

鼓浪屿"大北电报公司"海底电缆遗址T2剖面图

0　0.5　1m

① 沙层
② 沙、黑色淤泥
③ 黄色粘土
④ 生土

2011DH T3：

第①层：沙层，夹杂大量碎石，厚 5～8 厘米；

第②层：黑色淤泥，厚 10 厘米；

第③层：黄色粘土；

第③层之下的红色粘土为生土层。

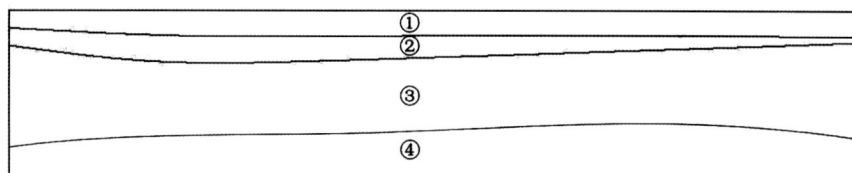

鼓浪屿"大北电报公司"海底电缆遗址T3剖面图

0　0.5　1m

① 沙层
② 黑色淤泥
③ 黄色粘土
④ 生土

2011DH T4、2011DH T5 层位结构相同，分为 4 层：

第①层：沙层，夹杂大量碎石，厚 5～10 厘米；

第②层：沙、黑色淤泥，厚 5～10 厘米；

第③层：黄色粘土；

第③层之下的红色粘土为生土层。

地层剖面图以 T4 为例

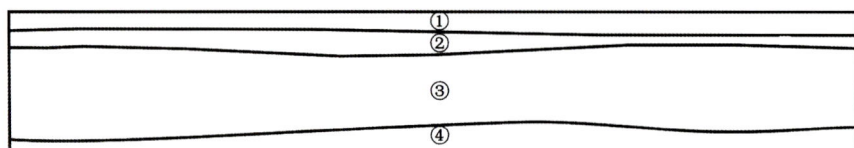

鼓浪屿"大北电报公司"海底电缆遗址T4剖面图

0   0.5   1m

① 沙层
② 沙、黑色淤泥
③ 黄色粘土
④ 生土

图7-6　T1（由西北向东南）

图7-7　T2（由东南向西北）

图7-8　T3（由东北向西南）

图 7-9　T4（由西北向东南）

图 7-10　T5（由西北向东南）

三、主要发现

（一）遗物

在第①层沙层底部发现一金属器物,怀疑为固定海底电缆所用的金属构件。

在 2011DH T2、2011DH T3 第①层底部发现三件金属构件,其中 T2 一件,T3 两件,使用功能应与 2011DH T1 发现金属构件相同,作为海底电缆的固定装置。

T4、T5 中未发现任何遗迹遗物。

图 7-11 T1 出土金属构件

图 7-12　T2 出土金属构件

图 7-13　T3 出土金属构件

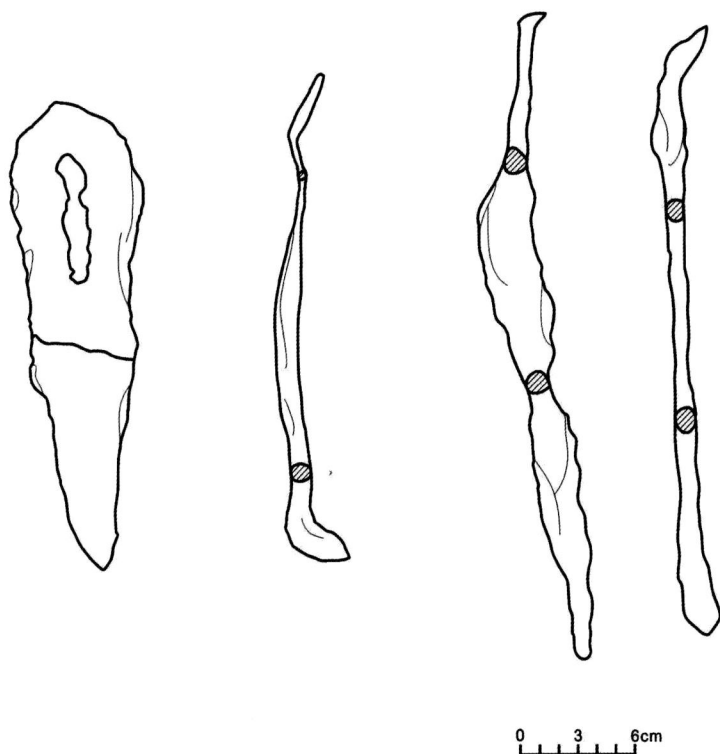

0　　3　　6cm

图 7-14　发掘出土的铁构件

（二）结果与讨论

海底电缆敷设主要包括电缆路由勘查清理、海缆敷设和冲埋保护三个阶段。电缆敷设时要通过控制敷设船的航行速度、电缆释放速度来控制电缆的入水角度以及敷设张力，避免由于弯曲半径过小或张力过大而损伤电缆。其中，在浅滩段敷设时，电缆敷设船停在距离海岸 4.5 千米的地方，通过岸上的牵引机牵引，将放置在浮包上的电缆牵引上岸，电缆上岸后拆除浮包，使电缆下沉至海底。深海段敷设时，电缆敷设船释放出电缆，使用水下监视器、水下遥控车不断地进行监视和调整，控制敷设船的前进速度、方向和敷设电缆的速度，以绕开凹凸不平的地方和岩石避免损伤电缆。

在施工的最后阶段，主要是对海底电缆进行深埋保护，减小复杂的海洋环境对海底电缆的影响，保证运行安全。在沙地及淤泥区，用高压冲水产生一条约 2 米深的沟槽，将电缆埋入其中，旁边的沙土将其覆盖；在珊瑚礁及粘土区，用切割机切割一条 0.6～1.2 米深的沟槽，把电缆埋入沟槽，自然回填形成保护；在坚硬岩石区，需在电缆上覆盖水泥盖板等硬质物体实施保护。

近代海底电缆的敷设方式与现代海底电缆的敷设方式相比，现代敷设海底电缆增加了许多先进科学仪器和现代工程施工方法。但在总体上海底电缆的敷设方法框架并不改变，依然要依靠海缆敷设船的牵引，利用浮包进行悬挂。通过对海底电缆敷设方法的研究我们可以推断，本次考古发掘出土的三件金属构件应为敷设海底电缆时悬挂水中海缆或固定浅滩段海缆的金属丝和金属扣。由于发掘条件与发掘手段的限制，本次发掘未能找到海底电缆的残段，待等各方面条件完善后进行更加深入的研究。

参考文献

本书编纂委员会：《上海邮电志》，上海社会科学院出版社 1999 年版。

厦门市地方志编纂委员会编：《厦门市志》第一册，方志出版社 2004 年版。

附表. 厦门海岸低潮时间表（2011 年 6 月）

日期 ＼ 低潮时间	第一次低潮	第二次低潮
6 月 17 日	7：20	19：30
6 月 18 日	8：10	20：15
6 月 19 日	8：50	21：00
6 月 20 日	9：30	21：40
6 月 21 日	10：15	22：20
6 月 22 日	10：55	23：00
6 月 23 日	11：40	23：45
6 月 24 日	12：30	—
6 月 25 日	00：40	13：30
6 月 26 日	1：45	14：30
6 月 27 日	2：55	15：30
6 月 28 日	4：00	16：25
6 月 29 日	5：00	17：10
6 月 30 日	5：45	17：55

参考文献

1. 李启宇:《虎头山租界事件真像》,《福建史志》1998 年第 3 期

2. 刘萍:《近代中国的新式码头》,人民文学出版社 2006 年版

3. 廖大珂:《福建海外交通史》,福建人民出版社 2002 年版

4. 厦门市地方志编纂委员会:《厦门市志·第二册》,方志出版社 2004 年版

5. 徐明德:《论明清时期的对外关系与边治》,浙江大学出版社,2006 年版

6. 厦门市地方志编纂委员会:《厦门市志·第一册》,方志出版社 2004 年版

7. (美)马士:《中华帝国对外关系史·第一卷》,商务印书馆 1963 年版

8. (英)柏纳德:《"复仇神"号轮船航行作战记》,《鸦片战争在闽台史料现编》,福建人民出版社 1982 年版

9. (英)塞舌尔·包罗:《厦门》,何丙仲辑译:《近代西人眼中的鼓浪屿》,厦门大学出版社 2010 年版

10. (英)乔治·休士:《厦门及周边地区》,何丙仲辑译:《近代西人眼中的鼓浪屿》,厦门大学出版社 2005 年版

11. (英)赫伯特·艾伦·翟理斯:《鼓浪屿简史》1878 年,何丙仲辑译:《近代西人眼中的鼓浪屿》,厦门大学出版社 2005 年版

12. (美)毕腓力著,何丙仲译:《厦门纵横——一个中国首批开埠城市的史事》,2009 年版

13. 刘瑞琴译:《德国外交文件中有关中国交涉史料选译》,商务印书馆 1960 年版

14. 福建师范大学历史系、福建省地方史研究会合编:《鸦片战争在闽台史料选编》,福建人民出版社 1982 年版

15. 王彦威纂辑:《清季外交史料》,书目文献出版社 1987 年版

16. 厦门市政治协商会议厦门市委员会、文史资料研究委员会合编:《厦门的租界》,1990 年版

17. 厦门市志编纂委员会、《厦门海关志》编委会合编:《近代厦门社会经济概况》,鹭江出版社 1990 年版

18. 日本防卫厅防卫研究所战史室著,天津市政协编译委员会译:《日本海军在中国作战》,中华书局 1991 年版

19. 厦门市档案局、厦门市档案馆合编:《厦门近代涉外档案史料》,厦门大学出版社 1997 年版

20. 福建省地方志编纂委员会编:《福建省志·外事志》,方志出版社出版 2004 年版

21. 厦门市地方志编纂委员会编:《厦门市志》第 2 册,方志出版社 2004 年版

22. 何其颖：《公共租界鼓浪屿和近代厦门的发展》，福建人民出版社2007年版

23. 何丙仲：《鼓浪屿公共租界》，厦门大学出版社2010年版

24. 本书编纂委员会：《上海邮电志》，上海社会科学院出版社1999年版

后　记

本书的概述、第一章、第二章、第三章由靳维柏撰写;第四章由陈海生撰写;第五章、第六章由王蒙撰写;第七章由陈振坤撰写;器物摄影陈进东。

照片配置:王蒙

编　　务:郑　东　郑宝珍

校　　对:郑滢君

考古发掘:

领　　队:靳维柏

队　　员:王　蒙　董丹其

　　　　　赖建弘　陈海生

"工部局"铭文奶瓶

花鸟纹金纽扣正面

花鸟纹金纽扣背面

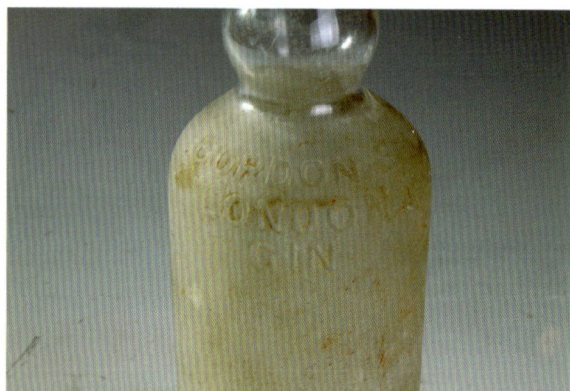

哥顿金酒酒瓶

半圆形装饰砖

陶制水管

陶制水管套接细部

石质构件

"爪哇公司"铭文铺地砖

"土"字型六棱柱

工部局一期遗址出土的各种玻璃瓶

工部局一期遗址出土的各种玻璃瓶

锁扣、铜锁和门搭扣

玻璃器皿和铁构件

小药瓶

以上为工部局一期遗址出土

西班牙船长墓墓碑（由北向南）

西班牙船长墓墓碑铭文

西班牙船长墓墓碑十字架

大北电报局海底电缆遗址出土铁构件